Britta Buschmann

AF286299

Lernen in Bewegung –
1. und 2. Klasse

Lernzielorientierte Spiele für Deutsch, Mathematik und Englisch

9783834433060

Persen Verlag

Gedruckt auf umweltbewusst gefertigtem, chlorfrei gebleichtem und alterungsbeständigem Papier.

3. Auflage 2016
© 2009 Persen Verlag, Hamburg
AAP Lehrerfachverlage GmbH Alle Rechte
vorbehalten

Grafik: Jennifer Spry
Satz: Satzpunkt Ursula Ewert GmbH

ISBN 978-3-8344-**3306**-0

www.persen.de

Inhalt

Vorwort

Es ist unumstritten, dass Bewegung zu einer ganzheitlichen Entwicklung des Kindes beiträgt. Bewegung stellt sowohl für die motorische als auch für die kognitive, emotionale und soziale Handlungsfähigkeit des Kindes eine zentrale Lernkategorie dar. Bewegung, Wahrnehmung und Lernen gehören unabdingbar zusammen. Die im Lehrplan der Grundschule erwähnten Inhalte, *„(…) die Grundschule muss die Kreativität und Fantasie der Kinder fördern, ihrem Tätigkeits- und Bewegungsdrang entgegenkommen und ihre Fähigkeiten zum Entdecken und zum Gestalten entwickeln. Dem Bewegungsbedürfnis der Kinder ist in besonderer Weise Rechnung zu tragen"*[1], bieten zwar eine Grundlage für die Integration von Bewegung in der Grundschule. Trotzdem wird die Bewegung in ihrer Bedeutung für das Kind immer noch nicht ausreichend wahrgenommen und das Lernen auf der Grundlage von Bewegung setzt sich nur langsam durch.

So ist denn auch die Idee der bewegungsfreudigen Schule zwar nicht neu, aber hoch aktuell, da die Bewegungsarmut von Kindern in Kindergarten, Schule oder privatem Umfeld zugenommen hat. Auch Fachleute aus Pädagogik, Sport und Wissenschaft empfehlen verstärkt Bewegungserziehung. Unter verschiedenen Begriffen wie „Bewegte Schule" oder „Bewegungsfreudige Schule" spiegeln sich die Gedanken des Konzepts „Bewegung als pädagogisches Prinzip" wider.

Wie sich Bewegung und Lernen als unmittelbar miteinander verknüpfte Bausteine der kindlichen Entwicklung sinnvoll in den täglichen Unterricht integrieren lassen und wie dadurch ein wichtiger Beitrag für mehr Freude am Lernen und eine ganzheitliche Gestaltung von Lernprozessen geleistet wird, stellt dieses Buch vor. So werden Lerninhalte durch Bewegung aufgelockert bzw. ergänzt.

Die Interpretation von Schule als Bewegungsraum bedeutet, Bewegung als pädagogisches Prinzip zu sehen. Bewegung soll zu einem konstruktiven Element von Lernen und Leben in der Schule werden. Mit diesem Anspruch sind Erziehungsvorstellungen verbunden, die sich sowohl auf das kognitive als auch auf das körperliche und sinnliche Lernen beziehen.

---

[1] Kultusministerium des Landes Nordrhein-Westfalen (Hrsg.): Richtlinien und Lehrpläne für die Grundschule Sport NRW, Frechen 2008.

Das Buch greift also bekannte Sachverhalte auf, strukturiert sie neu und fasst zusammen, damit den Kindern ein Lernen mit und durch Bewegung ermöglicht wird.

Bewegungsspiele im Unterricht

Die hier dargestellten Bewegungsspiele für die einzelnen Fächer sollen der Lehrkraft die Möglichkeit geben, den Kindern die Lerninhalte nicht nur rein kognitiv zu vermitteln. Vielmehr sollen die Schüler die Lerninhalte über Bewegung erschließen.

Da gerade in den ersten beiden Jahren der Grundschulzeit der Bewegungsdrang der Kinder besonders hoch ist, fällt ihnen das ganzheitliche Lernen über die Bewegung leichter und so lassen sich auch kognitive Lernziele einfacher speichern.

Immer gleiche Übungsformen des Unterrichts sollen hier durch abwechslungsreiche Spiele abgelöst werden und die Möglichkeit einer ganzheitlichen Präsentation der Lerninhalte auf anderen Ebenen bieten, die den Kindern Spaß und Freude vermitteln sollen.

Alle Bewegungsaktivitäten in den einzelnen Spielen lassen sich in thematische Zusammenhänge des Unterrichts integrieren. Sie orientieren sich an den Richtlinien und Lehrplänen des jeweiligen Faches.

Die Spiele bedürfen weder einer aufwendigen Organisation noch eines umfangreichen Materialeinsatz, sondern lassen sich flexibel und zeitsparend in den Unterricht integrieren.

Die Bewegungsspiele im Fach Mathematik sind so gestaltet, dass sich musikalische Elemente, Rhythmus und Sport vereinen. Rhythmische Bewegungen unterstützen und erleichtern etwa das Lernen der 1×1-Reihen oder die Beherrschung anderer mechanischer Rechenprozesse.

Durch die Bewegungsspiele in den Fächern Deutsch und Englisch soll den Kindern Sprache als etwas Lebendiges und Erlebbares vermittelt werden. Nur so entwickelt sich Sprachkompetenz.

Bei den Englischspielen wurde darauf geachtet, dass alle Spiele komplett in der englischen Sprache erklärt und durchgeführt werden. So wird das Hörverstehen geschult, ohne dass Kinder zum Sprechen genötigt werden. Wichtig dabei ist, dass alle Erklärungen der Lehrkraft bezüglich der Spiele immer mit Gestik und Mimik begleitet werden. So können die Kinder die akustische und auch die optische Wahrnehmung zum Verständnis nutzen. Über das sprachliche Handeln und die versprachlichte Bewegung der Spiele gelangen die Kinder zu einem Sprachverständnis.

Bewegungsgeschichten, Entspannungsspiele und Entspannungsmassagen für Bewegungspausen

Gerade im Anfangsunterricht gibt es immer wieder Situationen, in denen Unruhe die Weiterarbeit erschwert. Oftmals benötigen die Kinder an diesen Stellen einfach nur eine kleine Pause. Diese Pausen können sowohl aktiv als auch entspannend gestaltet sein. Sie können den Unterricht auflockern, rhythmisieren und Konzentration wieder herstellen.

Die im Folgenden vorgestellten Bewegungsgeschichten, Entspannungsspiele und Entspannungsmassagen können zu einem kleinen Repertoire werden, auf welches immer wieder zurückgegriffen werden kann. Sie bedürfen keiner Vorbereitungszeit, keiner langen Erklärungen und lassen sich jederzeit einsetzen und schnell durchführen. Sie sind rein funktional ausgerichtet und kommen so dem Bewegungs- bzw. Entspannungsbedürfnis der Kinder entgegen. Eine Bewegungspause sollte nie als verlorene Zeit gesehen werden! Schon nach fünf bis sieben Minuten sind die Kinder oft wieder lern- und aufnahmebereit.

In der Praxis hat sich gezeigt, dass es immer wieder Kinder gibt, die den Entspannungsmassagen zu Beginn skeptisch gegenüberstehen. Diese Kinder mögen keine Fremdberührung, da sie möglicherweise zu wenig Vertrauen zu ihren Klassenkameraden haben. Daraus folgt, dass Entspannungsmassagen erst dann angeboten werden sollten, wenn sich ein gutes Klassenklima gebildet hat.

In jedem Fall sollte die Lehrkraft mit den Kindern über den freiwilligen Charakter der Entspannungsmassagen sprechen. Wer sich nicht traut, sollte auch nicht gezwungen werden.

Kinder, die es nicht mögen, von anderen berührt zu werden, berühren aber oftmals gerne andere Kinder. So können diese Kinder entweder einen Partner massieren (ohne selbst massiert zu werden) oder das Klassentier bzw. Klassenmaskottchen.

Britta Buschmann: Lernen in Bewegung – 1. und 2. Klasse
© Persen Verlag, Buxtehude

Anfängliche Hemmungen können auch abgebaut werden, indem man mit Eigenmassagen der Kinder beginnt (einige der hier vorgestellten Massagen eignen sich auch als Eigenmassagen, sie müssen nur durch Kleinigkeiten verändert werden) oder indem man Tennisbälle oder Igelbälle benutzen lässt, sodass ein direkter Körperkontakt zum Partner vermieden wird.

Die Praxis zeigt jedoch, dass anfängliche Skepsis schnell einer großen Begeisterung weicht.

Auflockerungs- und Konzentrationsübungen

Auflockerungs- und Konzentrationsübungen lassen sich problemlos vor oder auch nach Phasen extremer Anstrengung und Konzentration in den Unterricht integrieren.

Im Rahmen der Wochenplanarbeit kann etwa im Wochenplan vermerkt werden, wie oft am Tag Übungen durchgeführt werden sollen. Es ist auch möglich, den Kindern die Entscheidung zu überlassen, ob und wann sie die Übungen ausführen wollen.

Bevor die Kinder jedoch selbstständig damit in der Freiarbeit oder Wochenplanarbeit arbeiten, sollte man mit ihnen die Übungen einüben und auch über den Sinn sprechen.

Die vorgestellten Übungen umfassen Bewegungen, die das Lernen fördern und helfen, Lernstörungen zu verhindern. Sie beinhalten Kreuzbewegungen, die beide Gehirnhälften aktivieren sollen (erst durch die Aktivierung beider Gehirnhälften ist ein ganzheitliches Lernen möglich), Elemente des bewussten Atmens und muskelentspannende Übungen für die Augen, den Nacken und die Schultern.

Empfehlung zum Einsatz hinsichtlich der Klassenstufen

Fach	Spiel	1. Klasse	1. und 2. Klasse	2. Klasse	Seite
Mathematik	**Arithmetik**				
	Vorgänger – Nachfolger		X		18
	Wie viele sind es?	X			19
	Jumpi	X			20
	Tauchstation		X		21
	Wo bist du?		X		22
	Rechenspaziergang		X		23
	Cowboyrechnen	X			24
	Zahlen in Bewegung	X			25
	Treffpunkt		X		27
	Das verrückte Mathespiel		X		28
	Lebendige Spielfigur	X			33
	Lebendiges Rechnen	X			34
	Kaugummispiel	X			36
	Fliegenklatschenspiel		X		43
	Rhythmisch rechnen			X	43
	Kleine Ente			X	47
	1×1-Drehscheibe			X	48
	1×1-Hocker			X	50
	1×1 in Bewegung			X	51
	Geometrie				
	007 – James Bond	X			37
	Geometrix		X		52
	Geometrix II		X		53
	Fensterputzer		X		54
	Wo denn nun?		X		55
	Größenvergleich		X		56
	So lang …			X	57
	Knoten im Körper		X		58

Fach	Spiel	1. Klasse	1. und 2. Klasse	2. Klasse	Seite
	Lesen				
	Detektive		X		59
	Blindenschrift		X		60
	Leselawine			X	61
	Wörter in Aktion		X		69
	Rechtschreiben				
	Anlaut-, Mittellaut-, Auslautspiel	X			70
	Lauschdetektive	X			71
	Total durchgedreht		X		73
	Bewegte Wörter		X		74
	Welle, Welle		X		75
	Streichholzwörter		X		76
	Klein oder groß?		X		77
Deutsch	Buchstabenschlange		X		78
	Lebendiges Memory		X		79
	Buchstabenstopper		X		80
	Lebendige Buchstaben	X			81
	Silbenpärchen		X		82
	Wörter hüpfen		X		83
	Grammatik				
	Verbenspiel		X		84
	Wortarten in Aktion			X	85
	Der, die oder das?		X		86
	Erzählspaziergang		X		87
	Quatschsätze/Quatschgeschichten		X		88
	Hörverstehen				
	Bodies in action		X		89
	Freeze		X		90
Englisch	Animals in action		X		92
	Touch the colour		X		93
	Action dice		X		94

Fach	Spiel	1. Klasse	1. und 2. Klasse	2. Klasse	Seite
Englisch	Numbers in action		X		95
	Mixed Pickles		X		97
	Right or wrong?		X		98
	Up and down		X		100
	The Queen says		X		101
	Sprechen				
	Whisper		X		102
	Don't catch the vegetable		X		108
	Fruit or vegetable?		X		109
	Who is afraid?		X		114
	Corner teams		X		116
	Throw the dice		X		118
	Hello, my name is …		X		119
	Snap it		X		120
	Take it down		X		121
Bewegungs-geschichten	Ein Ausflug mit dem Elefanten und der Maus		X		123
	Der kleine Zauberer		X		125
	Im Zoo		X		127
	Schnick, Schnack		X		129
Entspannungs-massagen	Kleiner Käfer Kribbel-Krabbel		X		130
	Auf der Wiese ist was los		X		132
	Pizzabacken		X		134
	Wilde Tiere		X		136
	Richtungslauscher		X		137

Britta Buschmann: Lernen in Bewegung – 1. und 2. Klasse
© Persen Verlag, Buxtehude

Fach	Spiel	1. Klasse	1. und 2. Klasse	2. Klasse	Seite
Auflockerungs- und Konzentrations-übungen	Glühbirne		X		138
	Verknotungstanz		X		139
	Luftmatratze		X		140
	Riesenpendel		X		141
	Dirigent		X		142
	Handpower		X		143
	Power für die Augen		X		144
	Muntermacher		X		145

Hinweise zum Umgang mit den Spielen

Lernen vollzieht sich nicht nur über visuelle und auditive Kanäle, sondern besonders über körperlich-sinnliche und „handgreifliche" Erfahrungsmöglichkeiten.

Bewegung unterstützt das Lernen. Je jünger die Kinder sind, desto wichtiger ist es, einen ganzheitlichen Lernprozess herzustellen, in dem Bewegung und Erfahrung wesentliche Bestandteile sind. Unterricht ohne Bewegung ist kein kindgerechter Unterricht.

Besonders bei Schulanfängern, aber auch während der gesamten Grundschulzeit, muss der Unterricht gewährleisten, dass die Kinder nicht nur mit dem Kopf lernen: Denken, Fühlen und Erleben gehören zusammen. Dem natürlichen Bewegungsbedürfnis ist in besonderer Weise Rechnung zu tragen, da es für die körperliche und geistige Entwicklung wichtig ist. Außerdem lernen Kinder mit dem ganzen Körper und mit allen Sinnen.

Um die ganzheitliche Entwicklung zu fördern, muss die Schule Chancen zur Bewegungserfahrung bieten. Erst die Integration der Bewegung in die Lernprozesse spricht alle Sinne an und erleichtert die Erschließung kognitiver Lerninhalte.

Die Bewegungsspiele in diesem Buch sind so konzipiert, dass sie einerseits Bewegungsspiele als bewegtes, themenbezogenes Lernen integrieren, wobei Bewegung als Medium für die Vermittlung kognitiver Inhalte eingesetzt wird. Darüber hinaus bietet das Buch Bewegungsspiele, um eine Bewegungsphase zu initiieren zum Abbau von Unruhe, zur Entspannung und Auflockerung.

Der Effekt der Spiele stellt sich kurz- und langfristig ein.

Kurzfristige Ziele:

- Die Kinder bekommen Gelegenheit, ihrem Bewegungsdrang nachzukommen.
- Die Kinder lockern auf, entspannen und beruhigen sich.
- Die Kinder erholen sich aktiv.
- Ermüdungserscheinungen werden abgebaut bzw. ausgeglichen.
- Die Konzentration wird gefördert.
- Motorische Unruhe wird abgebaut.
- Leistungsfähigkeit wird wieder hergestellt.
- Es wird Spaß und Freude am Lernen vermittelt.

Britta Buschmann: Lernen in Bewegung – 1. und 2. Klasse
© Persen Verlag, Buxtehude

Langfristige Ziele:
- Die Spiele sollen als Teil des pädagogischen Prinzips die ganzheitliche Entwicklung der Kinder unterstützen.
- Über die Spiele werden Bewegungserfahrungen vermittelt, die einige Kinder im Alltag nicht mehr erfahren können.
- Mathematische und sprachliche Grunderfahrungen lassen sich durch Bewegung einfacher erschließen.
- Die Körper- und Raumorientierung wird angeregt.
- Die Auge- und Handkoordination wird verbessert.
- Es stellt sich ein besseres Körpergefühl ein.
- Die Spiele gestalten den Schulalltag so, dass es zu einer sinnvollen Ergänzung zwischen Lernen und Bewegung kommt.

Damit die positive Wirkung der Spiele greifen kann, sind jedoch einige Voraussetzungen zu beachten.
- Die Lehrkraft selbst muss eine positive Einstellung zu Bewegungsspielen besitzen und diese adäquat den Kindern vermitteln.
- Die Bedürfnisse und Fähigkeiten der Kinder müssen stets berücksichtigt werden.
- Ideen und Vorschläge seitens der Kinder müssen stets berücksichtigt werden.
- Räumliche Voraussetzungen bezüglich des Klassenraums müssen berücksichtigt werden.
- Die Teilnahme der Kinder an den einzelnen Übungen muss stets freiwillig erfolgen.
- Es müssen feste Regeln aufgestellt werden.
- Die Übungen sollen zur Gewohnheit, zu einer Regelmäßigkeit werden.
- Der organisatorische Aufwand (Platz- und Materialaufwand) sollte so gering wie möglich sein.
- Der zeitliche Faktor (Planungs- und Vorbereitungszeit; Erklären des jeweiligen Spiels/Spielregeln/Erlernen des Spiels) sollte so ökonomisch wie möglich sein.
- Die Elternschaft der Klasse sollte über die Wichtigkeit des Lernens in Bewegung aufgeklärt sein. Dies gilt besonders für Bewegungspausen und Entspannungsmassagen.

Ideen für die Wochenplan- und Freiarbeit

Bewegung lässt sich ganz einfach auch in die Freiarbeit und Wochenplanarbeit integrieren.

Schon die Konzeption der Freiarbeit und Wochenplanarbeit sieht vor, den Kindern viel Raum für Bewegung zu gewähren.

So sollte man den Kindern die Möglichkeit geben, in bestimmten Phasen andere Lernorte einnehmen zu dürfen (z. B. Partnerarbeit auf dem Boden, Arbeiten im Liegen oder auf dem Schulhof).

Dies bedarf aber einer strikten Einhaltung von Regeln und gegenseitiger Rücksichtnahme.

In der Praxis hat sich aber gezeigt, dass gerade das Anbieten der persönlichen Auswahl des Lernortes für die Kinder ein großer Anreiz ist und die notwendigen Regeln eingehalten werden.

Wenn die Kinder dann so weit sind, kann man noch einen Schritt weiter gehen und ihnen Material anbieten, welches zusätzlich Bewegung in das selbstgesteuerte Lernen bringen kann.

Fitness-Tipps

Mit Fitness-Tipps lässt sich Bewegung ganz einfach von Anfang an in die Freiarbeit und Wochenplanarbeit integrieren. Die Tipps können in Form von Plakaten gestaltet werden.

Die Plakate lassen sich an jeden Ort in der Klasse aufhängen und es bedarf dann keines großen Aufwands mehr, um Bewegung sinnvoll und ganz einfach in den Unterricht zu integrieren.

Dadurch, dass die Kinder die Plakate selbst erstellen dürfen, verlieren sie auch nicht allzu schnell an Spannung und Aufmerksamkeit. Die Plakate können in regelmäßigen Abständen von ausgewählten Kindern erstellt werden und jede Woche ausgetauscht werden, sodass jeder einmal an die Reihe kommt.

Bewegungskärtchen

Die Bewegungskärtchen kommen zum Einsatz, sobald die Kinder lesen können. Zu Beginn der ersten Klasse sollte man zusammen mit den Kindern immer wieder einzelne Bewegungskärtchen bearbeiten, sodass sie nach und nach an die Kartei herangeführt werden.

Auch hierbei können die Kinder wieder kreativ mitwirken, indem sie die Aufgaben selbst gestalten. Es ist auch denkbar, die Karten von Kindern aus einer höheren Jahrgangsstufe anfertigen zu lassen.

Zur Aufbewahrung eignet sich ein gestalteter Kasten, aus dem sich die Kinder in Phasen der Freiarbeit oder Wochenplanarbeit bedienen.

Es empfiehlt sich eine Übersicht zu erstellen, in der die Kinder bereits bearbeitete Karten abhaken können. Beispiele finden sich auf Seite 16.

Bewegung aus der Dose

In kleinen Filmdosen befinden sich kurze Anleitungen für Bewegungsaufgaben. Die Dosen stehen den Kinder entweder in einem kleinen Kasten zur freien Verfügung oder sie werden bei Bedarf an die Kinder verteilt.

Der Vorteil der Bewegungsdosen besteht darin, dass kein organisatorischer Rahmen zur Ausführung nötig ist, denn sie sind jederzeit einsetzbar. Beispiele finden sich auf Seite 17.

Anregungen für Bewegungskärtchen

Berühre mit dem dicken
Zeh deine Nase.
Wechsle dann den Fuß!

Schließe die Klassentür
so leise wie möglich!

Berühre mit deiner linken
Hand deine rechte Pobacke
und mit deiner rechten
Hand die linke Schulter.

Britta Buschmann: Lernen in Bewegung – 1. und 2. Klasse
© Persen Verlag, Buxtehude

Anregungen für Bewegungen aus der Dose

Mache dich locker!
Schüttle deine Arme und
Beine einmal ganz kräftig aus.

Mache einen Katzenbuckel.
Biege deinen Rücken wie eine
Katze nach oben und mache
dich ganz rund. Nun mache
ein Hohlkreuz und biege deinen
Rücken in die andere Richtung.

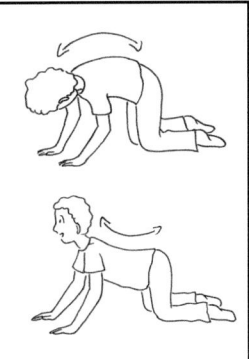

Jogge einige Male auf der Stelle.

Vorgänger-Nachfolger

 Lernziel

Zahlvorstellungen erlangen
Orientierung im Zahlenraum

Benötigtes Material

3 Stühle, Zettel mit Zahlen

Spieldauer

10 Minuten

 Spielverlauf

Alle Kinder sitzen an ihrem Platz und erhalten von der Lehrkraft eine Zahl auf einem Zettel. Vor der Tafel stehen drei Stühle nebeneinander. Die Lehrkraft nennt eine Zahl. Das Kind mit der genannten Zahl setzt sich auf den mittleren Stuhl, die anderen Kinder müssen nun überlegen, welches der Vorgänger und welches der Nachfolger der Zahl ist und sich dementsprechend neben das Kind setzen.

 Bemerkung

Um den Schwierigkeitsgrad zu erhöhen, können auch zu einer Zahl beide Nachfolger oder beide Vorgänger bestimmt werden. Der Zahlenraum kann entsprechend dem Leistungsstand der Klasse angepasst werden.

Britta Buschmann: Lernen in Bewegung – 1. und 2. Klasse
© Persen Verlag, Buxtehude

Wie viele sind es?

Lernziel

Zahlvorstellungen erlangen, die Zahlen bis 6 unter verschiedenen Gesichtspunkten darstellen
Festigung der Zahlen

Benötigtes Material

Schaumstoffwürfel

Spieldauer

5–10 Minuten

Spielverlauf

Die Kinder bewegen sich in der Klasse. Die Lehrkraft würfelt mit einem Schaumstoffwürfel eine Zahl. Nun sollen die Kinder mit so vielen Körperteilen den Boden berühren, wie es die Augenzahl anzeigt.

Bemerkung

Dieses Spiel ist nur für die Klasse 1 geeignet.

Jumpi

 Lernziel

Zahlenrechnen im Zahlenraum bis 12
Festigen von Rechenoperationen

 Benötigtes Material

1 Würfel pro Paar

 Spieldauer

10 Minuten

 Spielverlauf

Die Kinder bilden Paare. Jedes Paar erhält einen Würfel. Ein Kind würfelt zwei Zahlen und bildet aus den gewürfelten Zahlen entweder eine Additions- oder Subtraktionsaufgabe. Der Partner muss die Aufgabe nun ausrechnen und das Ergebnis hüpfend anzeigen. Anschließend wird gewechselt.

 **Bemerkung**

Das Spiel eignet sich besonders für Schulanfänger, da ein nur sehr begrenzter Zahlenraum für die Aufgaben zur Verfügung steht. Subtraktionsaufgaben sollten nur dann zugelassen sein, wenn die Schüler das Wesen der Subtraktion („die kleinere von der größeren Zahl abziehen") verstanden haben.

Britta Buschmann: Lernen in Bewegung – 1. und 2. Klasse
© Persen Verlag, Buxtehude

Tauchstation

 **Lernziel**

Zahlenrechnen im bekannten Zahlenraum
Üben und Festigen von Rechenoperationen, Überprüfen von Lösungen auf Richtigkeit

Benötigtes Material

Keins

Spieldauer

5–10 Minuten

 Spielverlauf

Alle Kinder sitzen unter ihrem Tisch. Die Lehrkraft nennt eine Rechenaufgabe mit Ergebnis. Die Kinder sollen entscheiden, ob die angegebene Lösung richtig oder falsch ist. Handelt es sich um eine falsche Lösung, so müssen die Kinder unter dem Tisch auftauchen.

 Bemerkung

Keine

Bewegungsspiele für den Mathematikunterricht

Wo bist du?

 Lernziel

Zahlenrechnen im bekannten Zahlenraum
Festigen von Rechenoperationen

 Benötigtes Material

1 Blatt für jedes Kind

 Spieldauer

5–10 Minuten

 Spielverlauf

Die jeweiligen Sitznachbarn überlegen sich zusammen eine Rechen-aufgabe. Auf dem Blatt des einen Partners wird die Aufgabe notiert und auf dem anderen Blatt wird nur das Ergebnis der Aufgabe aufge-schrieben. Anschließend geben alle Paare ihre Blätter der Lehrkraft. Diese durchmischt die Blätter und verteilt sie neu. Mit den nun erhal-tenen Blättern haben die Kinder die Aufgabe, sich den passenden Partner zu suchen (das heißt, welche Aufgabe gehört zu welchem Er-gebnis?).

 Bemerkung

Um eventuelle Rechenfehler zu vermeiden, kann der Lehrer während des Rechnens rumgehen und die Aufgaben der Kinder kontrollieren. Oder man bespricht am Ende des Spiels nicht zugeordnete Zahlen und Aufgaben auf deren Fehlerhaftigkeit, ohne dabei jedoch Kinder bloßzustellen.

Britta Buschmann: Lernen in Bewegung – 1. und 2. Klasse
© Persen Verlag, Buxtehude

Rechenspaziergang

Lernziel

Zahlenrechnen im bekannten Zahlenraum
Üben und Festigen von Rechenoperationen, Rechnen in Bewegung

Benötigtes Material

Klebestreifen, Aufgabenzettel

Spieldauer

10–15 Minuten

Spielverlauf

Die jeweils angebotenen Aufgaben werden als Aufgabenkette durchgeführt und an verschiedenen Stellen im Klassenraum befestigt. Zu einer vorgegebenen Startzahl müssen die Kinder die dazu passende Rechenaufgabe finden. Die nächste Aufgabe beginnt dann wieder mit dem zuvor errechneten Ergebnis und führt zur nächsten Aufgabe usw. So findet sich zu der vorgegebenen Startzahl 7 etwa die Aufgabe 7+8. Zu dieser Aufgabe müssen die Kinder die nun passende Ergebniskarte 15 finden. Daraus ergibt sich eine neue Aufgabe 15+3, die wiederum zum Ergebnis 18 führt usw.

Bemerkung

Die Aufgabentypen können dabei variieren und dem Lernstand der Klasse angepasst werden. Dabei sind sowohl Additions- als auch Subtraktionsaufgaben bis hin zu 1x1-Aufgaben möglich.

Cowboyrechnen

Lernziel

Zahlenrechnen im Zahlenraum bis 20
Festigen von Rechenoperationen

Benötigtes Material

keins

Spieldauer

5–10 Minuten

 ## Spielverlauf

Alle Kinder setzen sich verkehrt herum auf ihren Stuhl mit dem Rücken zur Lehrkraft. Die Lehrkraft nennt eine Aufgabe und die Kinder zeigen das Ergebnis mit den Fingern. Wichtig: Es darf dabei nicht gesprochen werden.

 ## Bemerkung

Keine

Britta Buschmann: Lernen in Bewegung – 1. und 2. Klasse
© Persen Verlag, Buxtehude

Zahlen in Bewegung

Lernziel

Zahlvorstellungen erlangen, die Zahlen bis 20 unter verschiedenen Gesichtspunkten zueinander in Beziehung setzen
Festigung der Zahlen, Ordnen der Zahlen nach der Größe

Benötigtes Material

Ziffernkarten von 0–9

Spieldauer

10 Minuten

Spielverlauf

Entsprechend der Klassenstärke teilt der Lehrer die Schüler in Gruppen auf. Jedes Kind erhält eine Ziffernkarte von 0–9 und läuft damit durch den Raum. Die Lehrkraft nennt Zahlen von 0–20. Die Schüler stellen die Zahlen mit ihren Kärtchen nach. So finden sich etwa bei der Zahl 15 die Inhaber der Karten 1 und 5 zusammen.

Bemerkung

Dieses Spiel ist nur für Klasse 1 geeignet.

Bewegungsspiele für den Mathematikunterricht

Materialien für das Spiel „Zahlen in Bewegung"

0	1	2
3	4	5
6	7	8
9		

Britta Buschmann: Lernen in Bewegung – 1. und 2. Klasse
© Persen Verlag, Buxtehude

Treffpunkt

 Lernziel

Zahlenrechnen, im bekannten Zahlenraum mündlich addieren und subtrahieren
Schulung der Kopfrechenfähigkeit, Reaktionsvermögen, gemeinsame Absprachen treffen

 Benötigtes Material

Schilder mit Zahlen, CD-Player, Musik

 Spieldauer

ca. 10 Minuten

 Spielverlauf

Alle vier Ecken der Klasse werden mit unterschiedlichen Zahlen versehen, die auf Schilder geschrieben werden. Die Kinder bewegen sich zur Musik durch den Raum. Sobald die Musik stoppt, müssen alle Kinder in eine Ecke flüchten.
Die Anzahl der Kinder, die sich nun in der/den Ecke(n) befinden, wird zu der festgelegten Eckenzahl addiert oder von ihr subtrahiert. Ein Kind der Gruppe nennt das Ergebnis.

 Bemerkung

Der Zahlenraum kann variabel sein.

Das verrückte Mathespiel

 Lernziel

Zahlenrechnen, im bekannten Zahlenraum mündlich addieren und subtrahieren
Schulung der Kopfrechenfähigkeit

Benötigtes Material

Symbolkarten
Tafel

Spieldauer

10 Minuten

 Spielverlauf

Die Symbolkarten werden nebeneinander an die Tafel gehängt. Unter jedes Symbol werden mehrere Lösungszahlen geschrieben. Der gesamten Klasse wird eine Rechenaufgabe gestellt. Jedes Kind löst die Aufgabe im Kopf still für sich und macht im Anschluss daran die Bewegung nach, die unter der richtigen Lösung steht.

 Bemerkung

Keine

Britta Buschmann: Lernen in Bewegung – 1. und 2. Klasse
© Persen Verlag, Buxtehude

Material für „Das verrückte Mathespiel"

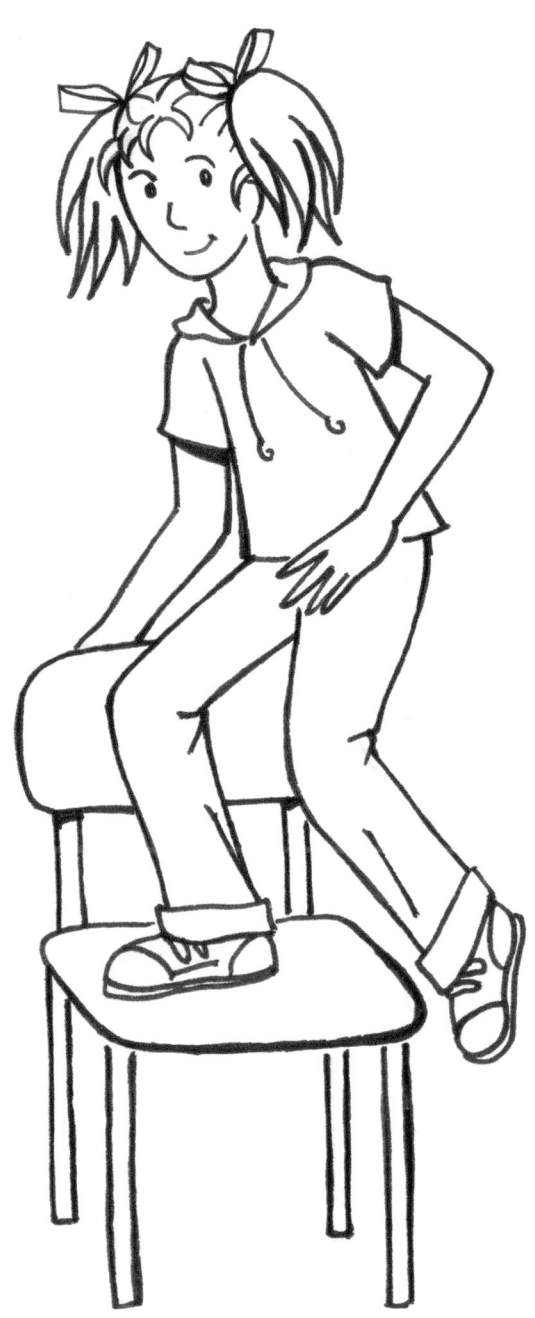

Material für „Das verrückte Mathespiel"

Britta Buschmann: Lernen in Bewegung – 1. und 2. Klasse
© Persen Verlag, Buxtehude

Material für „Das verrückte Mathespiel"

Material für „Das verrückte Mathespiel"

Britta Buschmann: Lernen in Bewegung – 1. und 2. Klasse
© Persen Verlag, Buxtehude

Lebendige Spielfigur

Lernziel

Zahlenrechnen, im bekannten Zahlenraum bis 20 mündlich addieren und subtrahieren
Rechnen im Zahlenraum bis 20

Benötigtes Material

ein Würfel pro Gruppe, Kreide

Spieldauer

15 Minuten

Spielverlauf

Die Kinder gehen jeweils zu dritt zusammen. Sie malen ein Spielfeld, indem sie immer in gleichen Abständen 19 Striche mit Kreide auf den Boden zeichnen. Dann stellen sich zwei Schüler gegenüber an die jeweiligen Spielfeldenden und versuchen, das dritte Kind, die lebendige Spielfigur, auf ihre Seite zu bringen. Dazu stellt sich die Spielfigur auf den 10. Strich. Die Mitspieler würfeln abwechselnd und bilden aus den gewürfelten Augenzahlen Additions- bzw. Subtraktionsaufgaben. Bei Additionsaufgaben muss die Spielfigur vorwärts gehen, bei Subtraktionsaufgaben rückwärts. Der lebendigen Spielfigur kann zusätzlich noch eine kontrollierende Funktion zu kommen. Wer schafft es zuerst, die Spielfigur auf seine Seite zu bringen?

Bemerkung

Das Spiel sollte auf dem Schulhof gespielt werden. Damit alle Kinder den Würfel gut sehen können, sollte ein Schaumstoffwürfel benutzt werden.

Lebendiges Rechnen

 Lernziel

Zahlenrechnen, im bekannten Zahlenraum mündlich addieren und subtrahieren
Übung und Festigung der Addition und Subtraktion im Zahlenraum bis 20

 Benötigtes Material

Zahlenkärtchen von 1–20

 Spieldauer

10–15 Minuten

 Spielverlauf

Bei jedem Durchgang präsentiert die Lehrkraft jeweils zwei Zahlenkärtchen und legt fest, ob die Aufgabe eine Additions- oder eine Subtraktionsaufgabe ist. Die Lösung der Aufgabe bilden die Kinder ab, indem sie sich entsprechend der Lösungszahl zusammenfinden.
Beispiel: Die Lehrkraft präsentiert die Zahlen 13 und 4 und bestimmt, es solle addiert werden. Daraufhin finden sich die Schüler in einer Gruppengröße von 17 Kindern zusammen.

 Bemerkung

Keine

Britta Buschmann: Lernen in Bewegung – 1. und 2. Klasse
© Persen Verlag, Buxtehude

Material für „Lebendiges Rechnen"

1	2	3	4
5	6	7	8
9	10	11	12
13	14	15	16
17	18	19	20

Kaugummispiel

 Lernziel

Zahl- und Operationsvorstellungen erlangen
Mengen durch Zählen bilden, erste Rechenoperationen ausführen (Ergänzen)

 Benötigtes Material

CD-Player, Musik, evtl. Tafel, Trommel, Ziffernkarten

 Spieldauer

5–10 Minuten

 Spielverlauf

Die Kinder bewegen sich zur Musik durch die Klasse. Bei Musikstopp bleiben die Kinder stehen und finden sich zusammen, indem sie wie ein großes Kaugummi aneinanderkleben. Die Größe der Gruppe bestimmt die Lehrkraft schon vorher, indem sie eine Zahl nennt, eine Ziffer hochhält, eine Rechenoperation an die Tafel schreibt oder auf eine Trommel schlägt. Anschließend geht die Musik weiter und das Spiel wird fortgesetzt. Übrig gebliebene Kinder können die Gruppengröße durch Zählen kontrollieren.

 Bemerkung

Keine

Britta Buschmann: Lernen in Bewegung – 1. und 2. Klasse
© Persen Verlag, Buxtehude

007 – James Bond

 **Lernziel**

**Raumerfahrungen und Raumvor-
stellungen gewinnen und ausbauen,
visuelle Wahrnehmungsfähigkeit und
das räumliche Vorstellungsvermögen
schulen**
Raumwahrnehmung, bewusstes Zuhören,
Konzentration

 Benötigtes Material

Spielkarten

 Spieldauer

10–15 Minuten

 Spielverlauf

Jedes Kind erhält eine Karte und läuft damit durch den Raum. Auf ein
akustisches Signal der Lehrkraft hin erhalten die Kinder einen Auftrag.
So treffen sich beispielsweise alle Kinder mit einer roten Karte in einer
bestimmten Ecke des Raumes, oder alle Kinder auf deren Karte eine
„1" steht, machen einen Froschsprung. Der Kreativität sind bei diesem
Spiel keine Grenzen gesetzt.

 Bemerkung

Es können anstelle von Bewegungsaufgaben auch Rechenaufgaben
gestellt werden.

Material zu „007-James Bond"

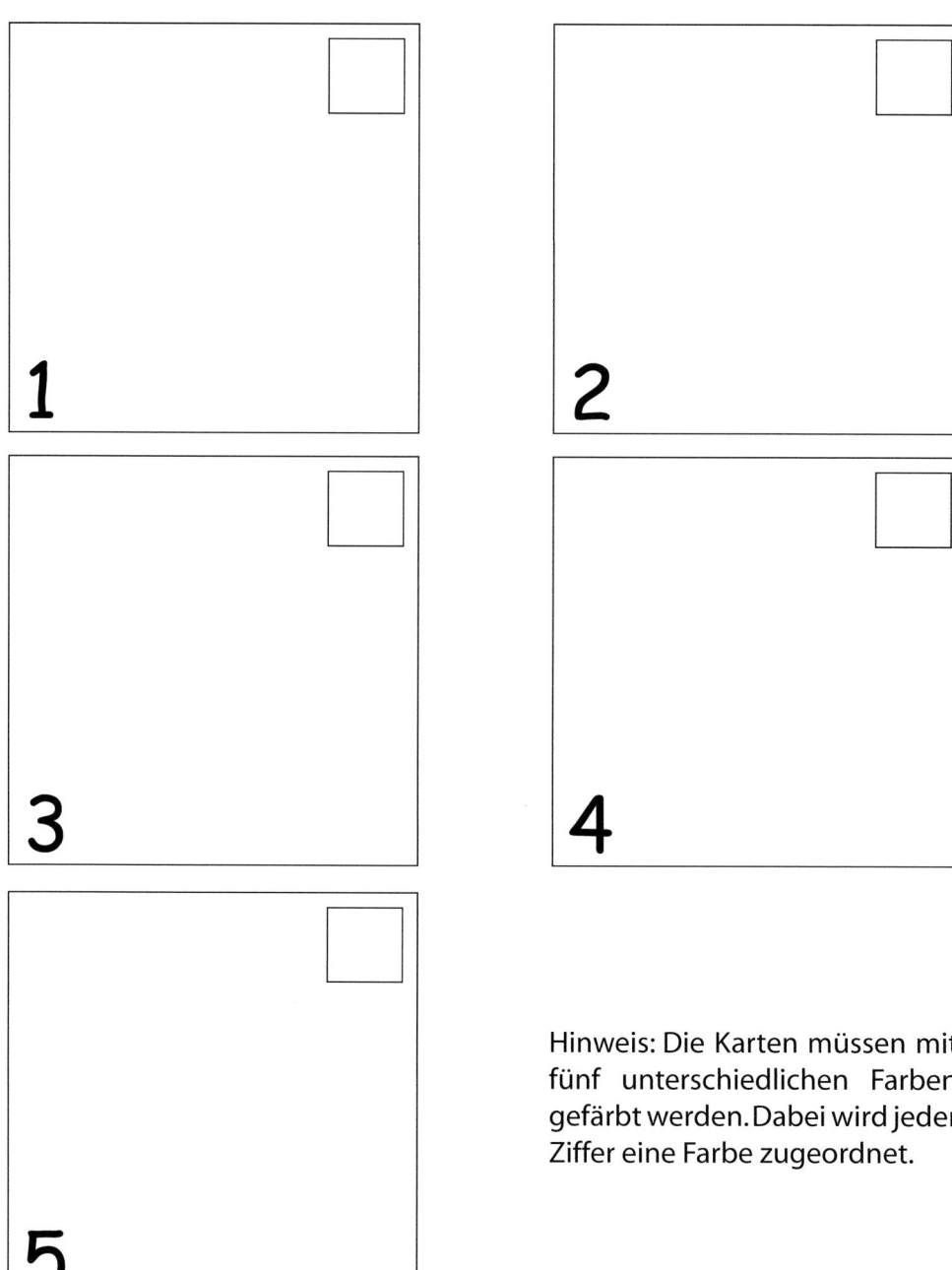

Hinweis: Die Karten müssen mit fünf unterschiedlichen Farben gefärbt werden. Dabei wird jeder Ziffer eine Farbe zugeordnet.

Britta Buschmann: Lernen in Bewegung – 1. und 2. Klasse
© Persen Verlag, Buxtehude

Material zu „007-James Bond"

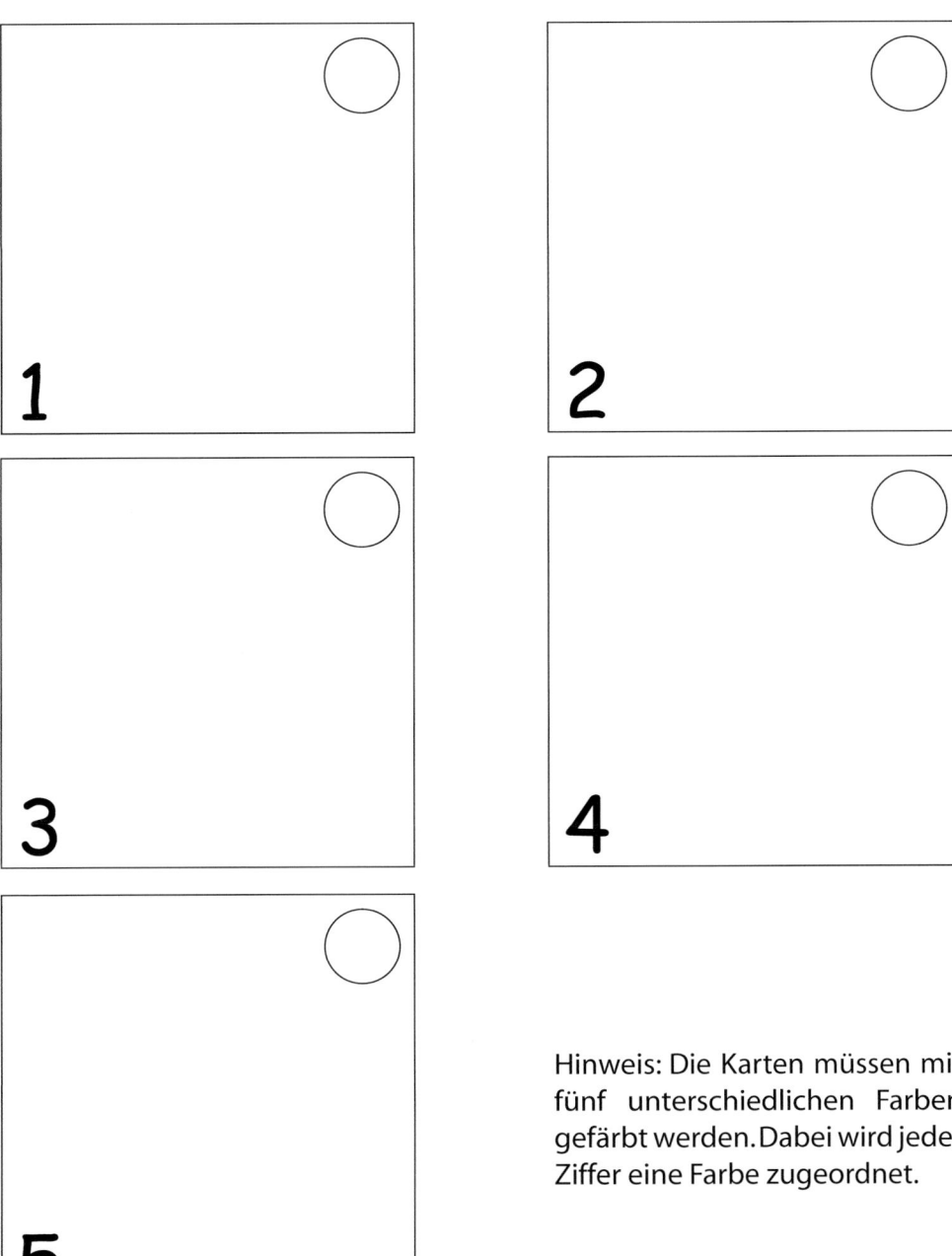

Hinweis: Die Karten müssen mit fünf unterschiedlichen Farben gefärbt werden. Dabei wird jeder Ziffer eine Farbe zugeordnet.

Material zu „007-James Bond"

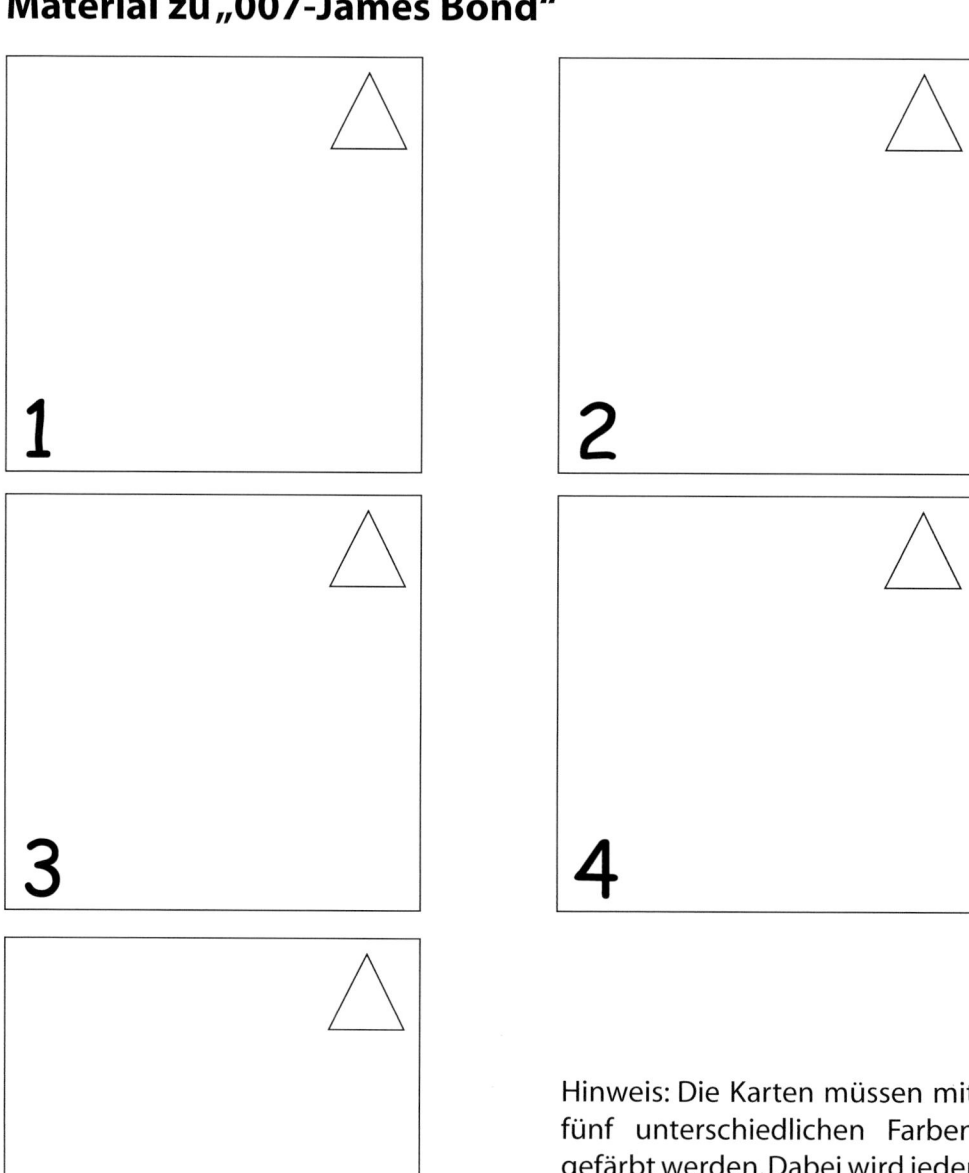

Hinweis: Die Karten müssen mit fünf unterschiedlichen Farben gefärbt werden. Dabei wird jeder Ziffer eine Farbe zugeordnet.

Britta Buschmann: Lernen in Bewegung – 1. und 2. Klasse
© Persen Verlag, Buxtehude

Material zu „007-James Bond"

1

2

3

4

5

Hinweis: Die Karten müssen mit fünf unterschiedlichen Farben gefärbt werden. Dabei wird jeder Ziffer eine Farbe zugeordnet.

Material zu „007-James Bond"

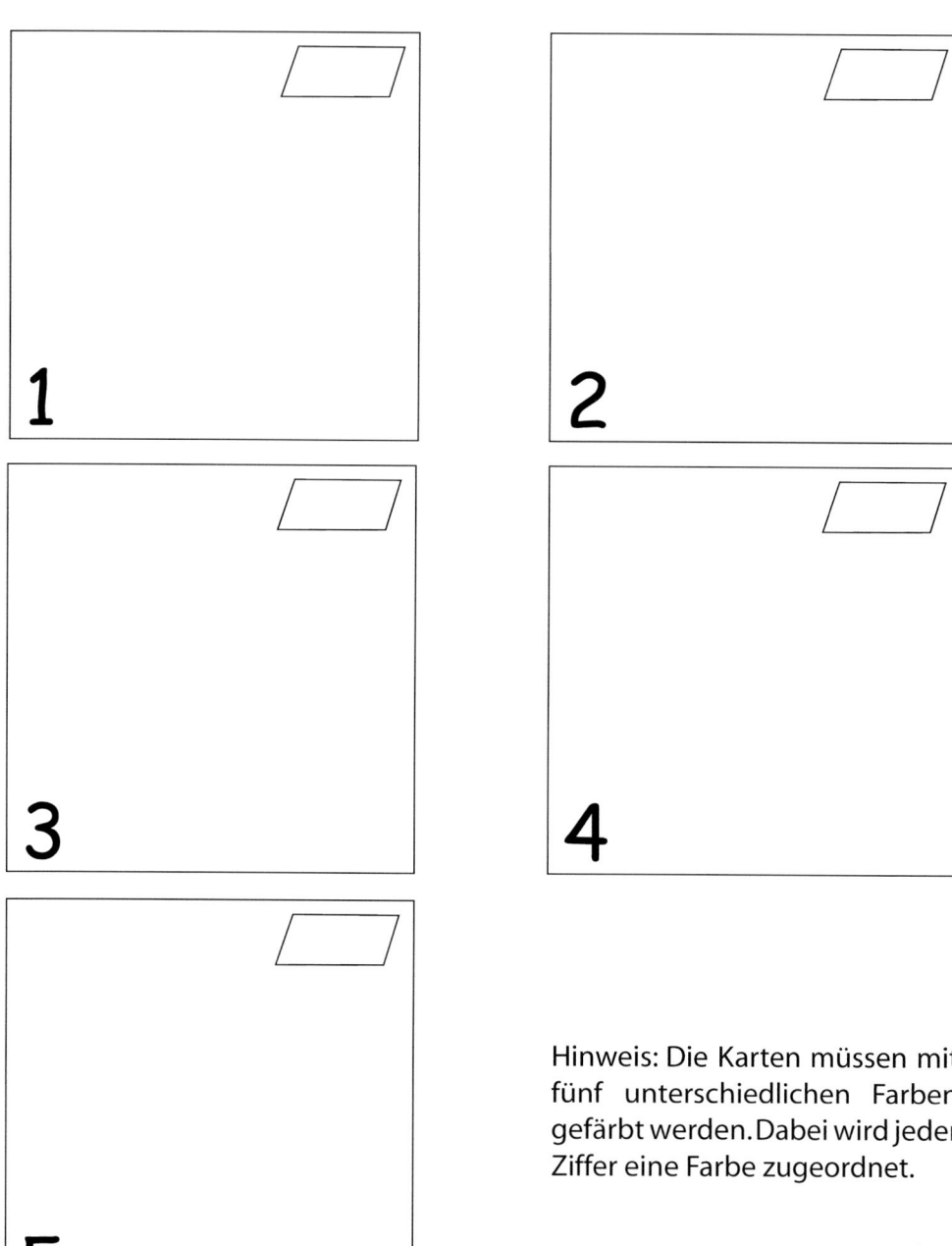

1

2

3

4

5

Hinweis: Die Karten müssen mit fünf unterschiedlichen Farben gefärbt werden. Dabei wird jeder Ziffer eine Farbe zugeordnet.

Britta Buschmann: Lernen in Bewegung – 1. und 2. Klasse
© Persen Verlag, Buxtehude

Fliegenklatschenspiel

Lernziel

Schnelles Rechnen im bekannten Zahlenraum

Fertigkeiten im schnellen Rechnen ausbauen und festigen

Benötigtes Material

mehrere Fliegenklatschen pro Team, Zahlenkarten, Aufgabenliste (Material siehe Folgeseite)

Spieldauer

15 Minuten

Spielverlauf

Die Kinder gehen in Kleingruppen zusammen. Es wird ein Spielleiter gewählt, der den Aufgabenzettel erhält. Jedes weitere Gruppenmitglied erhält eine Fliegenklatsche. Die Zahlenkarten werden mit den Zahlen nach oben auf den Tisch ausgelegt. Der Spielleiter stellt eine Rechenaufgabe, die auf dem Aufgabenzettel steht. Die Kinder rechnen die Aufgabe schnellstmöglich aus und versuchen, mit der Fliegenklatsche auf das Ergebnis (eine Zahlenkarte) zu schlagen. Wer es als Erstes geschafft hat und richtig gerechnet hat, darf die Zahlenkarte behalten. Sieger des Spiels ist, wer die meisten Zahlenkarten erklatscht hat.

Variante: Das Spiel kann auch in einer Großgruppe an der Tafel gespielt werden. Dabei werden die Zahlenkarten für alle sichtbar an der Tafel befestigt. Es treten immer zwei Kinder aus gegnerischen Teams gegeneinander an. Es sollte darauf geachtet werden, dass auch nur Kinder an der Tafel rechnen, die möchten und dass keiner vor der Klasse bloßgestellt wird. Die Erfahrung hat gezeigt, dass dieses Spiel sich in Kleingruppen besser spielen lässt.

Bemerkung

Der Aufgabenzettel der Folgeseite ist nur als Beispiel zu sehen, selbstverständlich können alle möglichen Rechenvarianten einbezogen werden (Addition, Subtraktion, Multiplikation und Division).

Material zum „Fliegenklatschenspiel"

Aufgabenzettel mit Lösungen für den Spielleiter:

$3 \times 4 = 12$	$6 \times 3 = 18$	$4 \times 4 = 16$
$6 \times 6 = 36$	$3 \times 3 = 9$	$7 \times 6 = 42$
$7 \times 8 = 56$	$5 \times 4 = 20$	$8 \times 8 = 64$
$9 \times 7 = 63$	$5 \times 5 = 25$	$4 \times 7 = 28$
$6 \times 8 = 48$	$3 \times 2 = 6$	$7 \times 3 = 21$
$8 \times 4 = 32$	$9 \times 5 = 45$	$6 \times 4 = 24$

Britta Buschmann: Lernen in Bewegung – 1. und 2. Klasse
© Persen Verlag, Buxtehude

Ergebniskarten für das Fliegenklatschenspiel:

12	18	16
36	9	42
56	20	64
63	25	28
48	6	21
32	45	24

Rhythmisch rechnen

Lernziel

Fertigkeiten im schnellen Rechnen ausbauen
Festigen von Rechenoperationen, Aktivierung der beiden Gehirnhälften

Benötigtes Material

Keins

Spieldauer

5–10 Minuten

Spielverlauf

Alle Kinder stehen im Kreis und üben folgenden Rhythmus ein:

auf die Oberschenkel klatschen,

in die Hände klatschen,

mit der linken Hand schnipsen,

mit der rechten Hand schnipsen.

Wenn alle den Bewegungsablauf beherrschen, nennt ein Kind seinem Nachbarn eine beliebige Rechenaufgabe. Dieser nennt das Ergebnis und stellt sofort die nächste Aufgabe. Wichtig: Der Rhythmus muss ohne Unterbrechung durchgehalten werden.

Bemerkung

Das Spiel sollte mit einem zweiten Schuljahr durchgeführt werden, da die Anforderungen an die Koordination und das Einbeziehen einer Rechenaufgabe sehr anspruchsvoll sind.

Britta Buschmann: Lernen in Bewegung – 1. und 2. Klasse
© Persen Verlag, Buxtehude

Bewegungsspiele für den Mathematikunterricht

Kleine Ente

 **Lernziel**

Operationsvorstellungen erlangen, schnelles Rechnen
Grundvorstellungen der Multiplikation erlangen, Üben und Festigen von 1×1-Rechenoperationen

Benötigtes Material

Keins

Spieldauer

5–10 Minuten

 Spielverlauf

Alle Kinder stehen in einer Reihe nebeneinander und sprechen gemeinsam folgenden Satz:

„Eine kleine Ente mit zwei Beinen springt ins Wasser, platsch, platsch."

Dazu stampft das erste Kind aus der Reihe zweimal mit den Füßen auf den Boden.
Nun wird verdoppelt und gemeinsam gesprochen:

„Zwei kleine Enten mit vier Beinen springen ins Wasser, platsch, platsch, platsch, platsch."

Daraufhin stampfen das erste und das zweite Kind aus der Reihe viermal mit den Füßen auf den Boden. Das Spiel geht weiter, bis die 2er-Reihe dargestellt wurde.

 Bemerkung

Das Spiel lässt sich auch auf andere 1×1-Reihen übertragen, allerdings benötigt man dazu Tiere mit der entsprechenden Anzahl von Beinen.

Bewegungsspiele für den Mathematikunterricht

1×1-Drehscheibe

 Lernziel

Operationsvorstellungen erlangen, schnelles Rechnen
Grundvorstellungen der Multiplikation erlangen, Festigen von 1×1-Rechenoperationen

 Benötigtes Material

1×1- Drehscheibe für jede Gruppe

Spieldauer

5–10 Minuten

 Spielverlauf

Die Kinder gehen in Kleingruppen zusammen. Jede Gruppe erhält eine 1×1-Drehscheibe. Ein Kind dreht die Scheibe und löst die angezeigte Bewegungsaufgabe, die anderen kontrollieren dies. Dann ist der Nächste an der Reihe.

 Bemerkung

Die 1×1-Drehscheibe sollte entweder laminiert oder auf festere Pappe kopiert werden. Der Pfeil sollte mit einer Musterbeutelklammer befestigt werden.

Material zur „1×1-Drehscheibe"

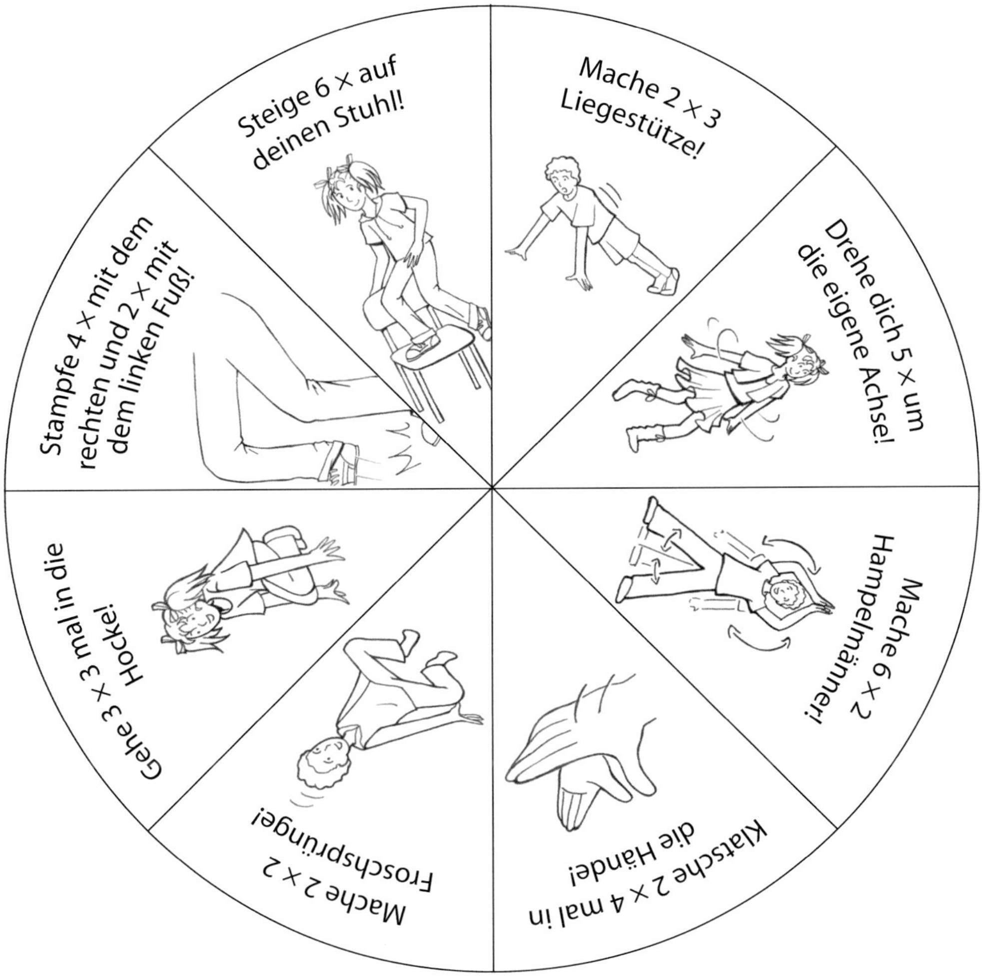

Steige 6 × auf deinen Stuhl!

Mache 2 × 3 Liegestütze!

Stampfe 4 × mit dem rechten und 2 × mit dem linken Fuß!

Drehe dich 5 × um die eigene Achse!

Gehe 3 × 3 mal in die Hocke!

Mache 6 × 2 Hampelmänner!

Mache 2 × 2 Froschsprünge!

Klatsche 2 × 4 mal in die Hände!

Hinweis: Der Zeiger muss mit einer Musterbeutelklammer befestigt werden.

1x1-Hocker

Lernziel

Benötigtes Material

Keins

Spieldauer

10–15 Minuten

Operationsvorstellungen erlangen, schnelles Rechnen

Üben und Festigen der 1×1-Reihen

Spielverlauf

Die Kinder bewegen sich frei in der Klasse. Die Lehrkraft gibt eine Einmaleinsreihe vor und nennt dann verschiedene Zahlen. Kommt die genannte Zahl in der Einmaleinsreihe vor, müssen sich die Kinder hinhocken. Gesucht werden zum Beispiel alle Zahlen der 3er-Reihe. Nennt die Lehrkraft die Zahl 9, müssen sich alle hinhocken. Wird die Zahl 11 genannt, passiert nichts.

Bemerkung

Keine

Britta Buschmann: Lernen in Bewegung – 1. und 2. Klasse
© Persen Verlag, Buxtehude

1x1 in Bewegung

Lernziel

Operationsvorstellungen erlangen, schnelles Rechnen
Automatisierung der 1×1-Reihen, Konzentration

Benötigtes Material

Keins

Spieldauer

10–15 Minuten

Spielverlauf

Die Kinder sitzen im Sitzkreis. Die Lehrkraft bestimmt eine 1×1-Reihe und eine Zahl. Nun beginnen die Kinder der Reihe nach zu zählen, beginnend mit 1. Kommt die vereinbarte Zahl vor, muss das Kind, welches an der Reihe ist, aufstehen und sich einmal um die eigene Achse drehen. Ist die vorher bestimmte Zahl sogar Teil der festgelegten 1×1-Reihe, muss das Kind einen Strecksprung machen. Beispiel:
Die vereinbarte Zahl lautet 3, die 1×1-Reihe ist die der 3. Die Kinder beginnen zu zählen. Das Kind, welches die 3 nennt, steht auf, dreht sich einmal um die eigene Achse und macht einen Strecksprung. Dann wird weiter gezählt. Das Kind, welches die 6 (Mitglied der 1×1 Reihe der 3) nennt, macht einen Strecksprung. Die nächste Zahl, bei der eine Aktion erfolgen müsste, wäre die 9.

Bemerkung

Keine

Geometrix

Lernziel

Erfahrungen auf der Körper- und Figurenebene sammeln
Geometrische Figuren und Körper erkennen und verstehen

Benötigtes Material

CD-Player, Musik

Spieldauer

5–10 Minuten

Spielverlauf

Die Kinder bewegen sich zur Musik frei durch den Raum. Sobald die Musik stoppt, stellt die Lehrkraft eine Aufgabe, die in Gruppen dargestellt wird:

Beispiele:
- einen Kreis bilden
- ein Quadrat bilden
- ein Dreieck bilden

Alternativ dazu können bei Musikstopp auch Gegenstände in der Klasse gesucht werden, die einer bestimmten geometrischen Form entsprechen.

 Bemerkung

Keine

Britta Buschmann: Lernen in Bewegung – 1. und 2. Klasse
© Persen Verlag, Buxtehude

Geometrix II

Lernziel

Erfahrungen auf der Körper- und Figurenebene sammeln
Geometrische Figuren erkennen und verstehen

Benötigtes Material

1 Seil für jedes Kind

Spieldauer

5–10 Minuten

Spielverlauf

Die Kinder bewegen sich frei mit einem Seil auf dem Schulhof. Auf ein Signal hin müssen die Kinder eine geforderte geometrische Figur mit dem Seil legen.

Bemerkung

Das Spiel sollte auf dem Schulhof gespielt werden.

Fensterputzer

Lernziel

Symmetrie, symmetrische Figuren erzeugen
Symmetrie kennenlernen, Perspektiven-wechsel

Spielverlauf

Die Kinder gehen paarweise zusammen und nehmen gegenüber voneinander Aufstellung. Einer der beiden Partner führt eine Bewegung aus, und der andere muss sie spiegelverkehrt nachahmen.

Bemerkung

Keine

Britta Buschmann: Lernen in Bewegung – 1. und 2. Klasse
© Persen Verlag, Buxtehude

Wo denn nun?

Lernziel

Geometrie
Raumerfahrungen und Raumvorstellungen gewinnen und ausbauen, dabei Lagebeziehungen kennenlernen

Benötigtes Material

Keins

Spieldauer

5–10 Minuten

Spielverlauf

Die Kinder gehen zu dritt zusammen. Die Lehrkraft gibt Anweisungen, wie sich die Kinder positionieren sollen. Beispiele:

„Stellt euch alle drei nebeneinander in einer Reihe auf!"

„Einer von euch legt sich auf den Boden. Die beiden anderen Kinder stellen sich genau dahinter."

„Zwei von euch setzen sich nebeneinander auf den Boden. Das dritte Kind stellt sich genau vor euch."

„Bildet eine Reihe! Das erste Kind in der Reihe steht, das zweite sitzt und das dritte Kind steht wieder."

„Zwei von euch nehmen gegenüber voneinander Aufstellung. Das dritte Kind setzt sich genau zwischen euch."

Bemerkung

Die Anweisungen sollten langsam gesprochen werden, da es für die Kinder sehr schwierig ist, schnellen Anweisungen zu folgen.

Größenvergleich

Lernziel

Geometrie
Längenbeziehungen herstellen, Größen vergleichen

Spielverlauf

Die Lehrkraft verteilt an jedes Kind einen Bindfaden, wobei die Fäden unterschiedliche Längen haben. Nun bewegen sich die Kinder zur Musik im Raum. Bei Musikstopp sollen die Kinder die Bindfäden nach der Größe sortieren, z.B. von klein nach groß oder umgekehrt, oder Größen vergleichen, indem sie etwa die drei kürzesten bzw. vier längsten Fäden bündeln.

Bemerkung

Bei dem Spiel können anstelle der Längen der Bindfäden auch die Größen der Kinder verglichen werden.

Britta Buschmann: Lernen in Bewegung – 1. und 2. Klasse
© Persen Verlag, Buxtehude

Bewegungsspiele für den Mathematikunterricht

So lang ...

Lernziel

Geometrie
Längenbeziehungen herstellen,
Größen vergleichen, Strecken messen,
dabei Hilfsmittel nutzen

Benötigtes Material

mehrere Lineale
oder Maßbänder

Spieldauer

5–10 Minuten

Spielverlauf

Es werden vier Teams gebildet. Aus jedem Team wird ein Kind bestimmt, das die Aufgabe des Messens übernimmt (es kann nach jedem Durchgang gewechselt werden) und ein Maßband erhält. Die anderen Kinder bilden die Strecke, die angesagt wird. Beispielsweise nennt die Lehrkraft eine Strecke von zwei Metern. Die Kinder müssen die Strecke möglichst genau abbilden, indem sie sich hintereinanderlegen. Es kann durchaus ausreichen, nur einzelne Körperteile wie Arme und Füße heranzuziehen. Das Team, welches am nächsten an die vorgegebene Strecke heranreicht, erhält einen Punkt.

Bemerkung

Keine

Bewegungsspiele für den Mathematikunterricht

Knoten im Körper

 Lernziel

Geometrie
Raumerfahrungen und Raumvorstellungen gewinnen und ausbauen,
dabei Lagebeziehungen kennenlernen

Benötigtes Material

Keins

Spieldauer

5 Minuten

 Spielverlauf

Die Kinder stehen oder sitzen auf dem Boden und halten die Augen geschlossen. Die Lehrkraft stellt den Kindern Bewegungsaufgaben. Einige Beispiele:

„Stellt den rechten Fuß auf den linken. Nehmt nun den linken Zeigefinger und berührt damit euren rechten Fuß."

„Setzt euch auf den Boden. Berührt mit der rechten Hand den linken Fuß und fasst euch mit der linken Hand auf die rechte Pobacke."

„Stellt euch hin. Berührt mit beiden Händen den Boden und stellt den linken Fuß vor den rechten."

Auf Kommando der Lehrkraft öffnen alle ihre Augen und vergleichen, ob jeder den gleichen Knoten im Körper hat. Anschließend wird eine neue Bewegungsaufgabe gestellt.
Schwieriger wird es, wenn man zuerst die Bewegungsaufgabe stellt und die Kinder diese erst anschließend ausführen dürfen.

 Bemerkung

Keine

Britta Buschmann: Lernen in Bewegung – 1. und 2. Klasse
© Persen Verlag, Buxtehude

Detektive

Lernziel

Das Verständnis für den Lautcharakter von Sprache schulen
Entwicklung und Festigung der Lesekompetenz

Benötigtes Material

Kärtchen mit Wörtern (einfach selbst herzustellen), Klebeband

Spieldauer

5–10 Minuten

 ## Spielverlauf

Jedes Kind erhält eine Wortkarte, die an seinem Rücken befestigt wird. Es darf nicht sehen, um welches Wort es sich handelt. Nun gehen alle Kinder im Klassenraum spazieren. Wenn sich zwei Kinder begegnen, sprechen sie sich gegenseitig ihr Wort lautlos vor. Wer schafft es, sein Wort herauszubekommen?

 ## Bemerkung

Falls diese Variante für die Lerngruppe zu schwierig ist, können alle Wörter noch zusätzlich für alle sichtbar an die Tafel geschrieben werden.

Blindenschrift

 Lernziel

Fähigkeit, Beziehungen von Buchstaben und Lauten zu entdecken und beim Lesen zu realisieren
Trainieren von Buchstaben/Wörtern, Auge-Hand-Koordination, Erlesen von Buchstaben/Wörtern

Benötigtes Material

Keins

Spieldauer

5–10 Minuten

Spielverlauf

Die Kinder bilden Paare. Ein Kind legt seine Schreibhand auf die Hand des Partners und versucht nun gemeinsam mit ihm, einen Buchstaben oder ein Wort zu schreiben. Der Partner soll erraten, um welchen Buchstaben bzw. um welches Wort es sich handelt. Im Anschluss werden die Rollen getauscht.

 **Bemerkung**

Keine

Britta Buschmann: Lernen in Bewegung – 1. und 2. Klasse
© Persen Verlag, Buxtehude

Leselawine

Lernziel

Informierendes Lesen
Kurze Anweisungen in Texten verstehen und danach handeln

Benötigtes Material

Lesekarten (Material siehe Anhang)

Spieldauer

5–10 Minuten

Spielverlauf

Die Kinder sitzen an ihrem Platz. Jedes Kind erhält von der Lehrkraft eine Karte und liest die Anweisung für sich durch. Die Kinder müssen nun nacheinander die Anweisungen der Karten ausführen. Es sind verschiedene Schwierigkeitsstufen möglich.

Bemerkung

Bei diesem Spiel sind größte Konzentration und genaues Zuhören gefragt, da man genau aufpassen muss, wann man an der Reihe ist. Es sind verschiedene Schwierigkeitsstufen möglich.
Leichte Variante: Die Karten werden in der richtigen Reihenfolge analog der Sitzordnung verteilt. Somit kommen die Kinder nacheinander an die Reihe.
Schwere Variante: Die Karten werden vor dem Verteilen gemischt. Nun müssen sich die Kinder stärker darauf konzentrieren, wann sie an der Reihe sind.

nach einer Idee von Susanne Schäfer

Britta Buschmann: Lernen in Bewegung – 1. und 2. Klasse
© Persen Verlag, Buxtehude

Bewegungsspiele für den Deutschunterricht

Material zum Spiel „Leselawine"

Du beginnst das Spiel.
Rufe laut:
„Es geht los!"

Jemand hat gerufen, dass es losgeht.
Streichle deinem Nachbarn die Hand.

Jemandem wurde die Hand gestreichelt.
Bringe deiner Lehrerin ein Blatt.

Deine Lehrerin hat ein Blatt erhalten.
Bringe ihr einen Stift.

Britta Buschmann: Lernen in Bewegung – 1. und 2. Klasse
© Persen Verlag, Buxtehude

Material zum Spiel „Leselawine"

Deine Lehrerin hat einen Stift erhalten.
Gehe zu ihr und sage: „Male einen Baum!"

Deine Lehrerin muss einen Baum malen.
Gehe zu ihr und sage: „Das haben Sie schön gemacht!" Nimm das Bild mit.

Jemand hat das Bild genommen. Sage: „Schade, das hätte ich auch gerne gehabt!"

Jemand hätte das Bild auch gerne gehabt.
Öffne ein Fenster.

Material zum Spiel „Leselawine"

Ein Fenster wurde geöffnet.
Schließe das Fenster und sage:
„Es ist viel zu kalt hier!"

Das Fenster wurde geschlossen.
Mache einen Hampelmann.

Jemand hat einen Hampelmann gemacht.
Sage: „Ich brauche auch Bewegung" und mache einen Froschsprung.

Jemand hat einen Froschsprung gemacht.
Nehme ein Buch aus der Tasche und lies etwas.

Britta Buschmann: Lernen in Bewegung – 1. und 2. Klasse
© Persen Verlag, Buxtehude

Material zum Spiel „Leselawine"

Jemand liest
ein Buch.
Huste laut.

Jemand muss
husten.
Hole ihm ein
Glas Wasser.

Jemand hat
gerade ein
Glas Wasser
bekommen.
Gehe zu ihm,
streichle seinen
Arm und sage:
„Du Armer!"

Jemand hat
jemandem
gerade über den
Arm gestreichelt.
Gehe an die Tafel
und schreibe
deinen Namen.

Material zum Spiel „Leselawine"

Jemand hat gerade seinen Namen an die Tafel geschrieben. Sage: „Du kannst aber schön schreiben!". Klatsche in die Hände.

Jemand hat gerade in die Hände geklatscht. Gehe einmal um deinen Tisch.

Jemand ist gerade um seinen Tisch gegangen. Lege dich auf den Boden.

Jemand hat sich auf den Boden gelegt. Gehe hin und frage: „Geht es dir nicht gut?"

Britta Buschmann: Lernen in Bewegung – 1. und 2. Klasse
© Persen Verlag, Buxtehude

Material zum Spiel „Leselawine"

Jemand hat jemanden gefragt, ob es ihm nicht gut gehe. Setze dich auf den Boden.

Jemand hat sich gerade auf den Boden gesetzt. Gehe zur Fensterbank und lege dein Federmäppchen darauf.

Jemand hat gerade sein Federmäppchen auf die Fensterbank gelegt. Lege ein Buch aus deiner Tasche dazu.

Jemand hat gerade ein Buch auf die Fensterbank gelegt. Hole beides zurück und geben es den jeweiligen Kindern wieder.

Material zum Spiel „Leselawine"

Jemand hat gerade zwei Kindern ihre Sachen wiedergegeben. Sage laut: „Was soll denn das?"

Jemand hat gerade gefragt: „Was das denn soll?" Antworte: „Das möchte ich auch gerne mal wissen" und stampfe mit dem Fuß auf den Boden.

Jemand hat gerade mit dem Fuß auf den Boden gestampft. Mache das auch und rufe: „Mir reicht es jetzt aber!"

Jemand hat gerade gerufen, dass es ihm reicht. Klatsche in die Hände und sage: „Mir auch und damit ist das Spiel jetzt aus!"

Britta Buschmann: Lernen in Bewegung – 1. und 2. Klasse
© Persen Verlag, Buxtehude

Wörter in Aktion

 **Lernziel**

Interpretieren, handelnd mit Texten umgehen
Genaues Lesen, Festigung der Lesekompetenz

Benötigtes Material

keins

Spieldauer

5–10 Minuten

 Spielverlauf

An der Tafel stehen kurze Sätze oder auch nur einzelne Wörter (je nach Stand der Kinder). Zu jedem Wort denkt sich die Klasse eine Bewegung aus. Beispiele:

Satz: **Der alte Mann geht über die Straße.**

auszuführende Bewegungen:
alter Mann: **gebückt gehen**
gehen: **auf der Stelle marschieren**
Straße: **mit der Hand hin und her fahren**

Satz: **Die Lehrerin schreibt an die Tafel.**

auszuführende Bewegungen:
Lehrerin: **mit den Händen eine Brille formen**
schreiben: **mit den Händen in die Luft schreiben**
Tafel: **zur Tafel zeigen**

Anschließend liest die Lehrkraft die Sätze vor und die Kinder führen die entsprechenden Bewegungen aus. Alternativ kann die Lehrkraft auch nur auf die Wörter zeigen.

 Bemerkung

Keine

Bewegungsspiele für den Deutschunterricht

Anlaut-, Mittellaut-, Auslautspiel

 Lernziel

Wichtige Fähigkeiten und Kenntnisse im Rechtschreiben auf der Laut- und Buchstabenebene
Laute in Wörtern erhören

Benötigtes Material

Keins

Spieldauer

5–10 Minuten

 Spielverlauf

In diesem Spiel müssen die Kinder die Position von Lauten in Wörtern bestimmen. Es gelten folgende Regeln:
- Anlaut: Die Kinder berühren sich am Kopf.
- Mittellaut: Die Kinder berühren ihren Bauch.
- Auslaut: Die Kinder berühren ihre Füße.

Beispiel: Der Laut „a" wird gesucht. Die Kinder stellen sich neben ihren Stuhl. Die Lehrkraft nennt ein Wort, etwa „Ameise". Da es sich hier um einen Anlaut handelt, müssen sich die Kinder am Kopf berühren. Bei dem Wort „Lampe" berühren die Kinder ihren Bauch (Mittellaut). Bei dem Wort „Mama" würden die Kinder ihren Bauch und die Füße berühren.

 Bemerkung

Keine

Britta Buschmann: Lernen in Bewegung – 1. und 2. Klasse
© Persen Verlag, Buxtehude

Lauschdetektive

Lernziel

Wichtige Fähigkeiten und Kenntnisse im Rechtschreiben auf der Laut- und Buchstabenebene
Ähnliche Laute und Lautfolgen unterscheiden und diese aus Wörtern heraushören

Benötigtes Material

Bildkarten, CD-Player, Musik

Spieldauer

5–10 Minuten

Spielverlauf

Jedes Kind erhält eine Bildkarte zu einem Wort mit einem bekannten Laut als Anlaut. Alle bewegen sich zur Musik durch die Klasse. Bei Musikstopp wird von der Lehrkraft ein Laut genannt. Alle Kinder, deren Bildkarte ebenfalls mit diesem Laut beginnt, setzen sich auf den Boden und legen die Bildkarte vor sich hin. Ein vorher ausgesuchtes Kind geht herum und kontrolliert, indem es die Bildkarten „vorliest". Anschließend wird gewechselt.

Bemerkung

Dieses Spiel ist besonders für die erste Klasse geeignet.

Material zum Spiel „Lauschdetektive"

Britta Buschmann: Lernen in Bewegung – 1. und 2. Klasse
© Persen Verlag, Buxtehude

Total durchgedreht

 **Lernziel**

Wichtige Fähigkeiten und Kenntnisse im Rechtschreiben auf der Laut- und Buchstabenebene erlangen
Laute und Lautfolgen unterscheiden und sie dem entsprechenden Buchstaben zuordnen, genaues Zuhören

Benötigtes Material

Keins (eventuell Buchstabenkarten für die einzelnen Gruppen)

Spieldauer

5–10 Minuten

 Spielverlauf

Die Klasse wird in mehrere Gruppen geteilt. Jede Gruppe erhält einen Buchstaben, z. B. alle Kinder, die an einem Gruppentisch sitzen, erhalten den Buchstaben „E". Anschließend nennt die Lehrkraft ein Wort. Kommt der Buchstabe der Gruppe in dem Wort vor, so müssen sich alle Kinder der Gruppe ganz schnell um die eigene Achse drehen.

 Bemerkung

Keine

Bewegungsspiele für den Deutschunterricht

Bewegte Wörter

Lernziel

Wichtige Fähigkeiten und Kenntnisse im Rechtschreiben auf der Laut- und Buchstabenebene erlangen
Regelhafte Laut-Buchstaben-Zuordnungen der Schreibung kennenlernen

Benötigtes Material

Große Buchstaben-karten aus eigenem Lehrmaterial

Spieldauer

10 Minuten

Spielverlauf

Die Lehrkraft teilt jedem Kind einen Buchstaben zu. Nun nennt sie ein Wort, z. B. „Haus". Die Schüler sollen das Wort buchstabieren, indem sich die Kinder mit den entsprechenden Buchstaben finden und in der korrekten Reihenfolge aufstellen. Den übrigen Kindern kommt eine Kontrollfunktion zu.

Bemerkung

Damit möglichst viele Kinder gleichzeitig agieren können, sollte man möglichst lange Wörter verwenden.

Britta Buschmann: Lernen in Bewegung – 1. und 2. Klasse
© Persen Verlag, Buxtehude

Welle, Welle

Lernziel

Wichtige Fähigkeiten und Kenntnisse der Rechtschreibung auf der Laut- und Buchstabenebene erlangen
Regelhafte Laut-Buchstaben-Zuordnungen der Schreibung kennenlernen

Benötigtes Material

Keins

Spieldauer

10 Minuten

 Spielverlauf

Die Kinder sitzen im Sitzkreis. Die Lehrkraft liest einen kleinen Text vor. Enthält ein Wort den Doppellaut „ss", müssen die Kinder aufstehen und mit den Armen eine Wellenbewegung machen. Enthält das Wort ein „ß", stehen die Kinder auf und machen einen Luftsprung.

 Bemerkung

Das Spiel lässt sich auch auf andere Rechtschreibphänomene übertragen.

Streichholzwörter

Lernziel

Wichtige Fähigkeiten und Kenntnisse der Rechtschreibung auf der Laut- und Buchstabenebene erlangen
Regelhafte Laut-Buchstaben-Zuordnungen der Schreibung kennen und anwenden; eigene Wörter schreiben

Benötigtes Material

Streichhölzer für jedes Paar

Spieldauer

10 Minuten

Spielverlauf

Die Kinder bilden Paare. Ein Kind darf aus Streichhölzern ein Wort legen, sein Partner erliest das Wort. Anschließend wird gewechselt.

Bemerkung

Sofern nur die Rechtschreibung trainiert wird, sollten die Kinder anhand einer Liste mit aktuellen Lernwörtern arbeiten, um die Richtigkeit der Schreibung zu überprüfen.
Alternativ dazu können auch Buchstaben gelegt werden. Ein Partner legt einen großen Buchstaben und der andere ergänzt den kleinen Buchstaben.
Das Spiel kann entweder am Tisch oder auch auf dem Schulhof gespielt werden.

Klein oder groß?

 **Lernziel**

Wichtige Fähigkeiten und Kenntnisse im Rechtschreiben auf der Buchstabenebene erlangen
Festigung und Sicherung der Buchstaben

Benötigtes Material

Buchstabenkarten zu den einzelnen Buchstaben (aus eigenem Lehrmaterial)

Spieldauer

5–10 Minuten

 Spielverlauf

Die Lehrkraft zeigt auf die Buchstabenkarten, die in der Klasse hängen. Bei einem großen Buchstaben stellen sich die Kinder auf den Stuhl, bei einem kleinen Buchstaben gehen sie in die Hocke.

 Bemerkung

Geeignet für die erste Klasse. Als Variante für das 2. Schuljahr können von der Lehrkraft Wörter genannt werden. Die Kinder demonstrieren durch ihre Bewegung, ob das Wort mit einem großen oder einem kleinen Buchstaben beginnt.

Bewegungsspiele für den Deutschunterricht

Buchstabenschlange

 Lernziel

Wichtige Fähigkeiten und Kenntnisse im Rechtschreiben auf der Laut- und Buchstabenebene, ähnliche Laute und Lautfolgen unterscheiden und sie dem Buchstaben entsprechend zuordnen
Erlernen des Alphabets

Benötigtes Material

Keins

Spieldauer

5–10 Minuten

 Spielverlauf

Es werden zwei oder mehrere Teams gebildet. Die Kinder nehmen hintereinander Aufstellung. Auf Kommando der Lehrkraft rennt das letzte Kind der Schlange nach vorne und ruft dabei ein Wort, das mit dem Buchstaben „A" beginnt. Ist es vorne angekommen, rennt das vorletzte Kind nach vorne und ruft ein Wort mit „B". Die Buchstabenschlange wird fortgesetzt, bis man beim letzten Buchstaben des Alphabets angekommen ist. Gewonnen hat das Team, welches als Erstes fertig ist.

 Bemerkung

Keine

Britta Buschmann: Lernen in Bewegung – 1. und 2. Klasse
© Persen Verlag, Buxtehude

Lebendiges Memory

Lernziel

Wichtige Fähigkeiten und Kenntnisse im Rechtschreiben auf der Laut- und Buchstabenebene, regelhafte Laut-Buchstaben-Zuordnungen kennen und anwenden lernen
Erfassen der Lautstruktur von Wörtern

Benötigtes Material

Keins

Spieldauer

15–20 Minuten

Spielverlauf

Es werden zwei Kinder der Klasse bestimmt, die für kurze Zeit den Raum verlassen. Die anderen bilden Paare, von denen jeweils einer der beiden ein Buchstabe ist (z.B. „A") und der andere das Wort, welches mit diesem Buchstaben beginnt (z.B. „Ameise"). Anschließend verteilen sich alle Kinder im Raum. Die beiden Kandidaten werden herein gebeten und dürfen nun abwechselnd, wie beim Memoryspiel, immer zwei Pärchen aufdecken, indem sie jeweils ein Kind leicht an der Schulter berühren und dieses den jeweiligen Buchstaben oder das Wort nennt. Hat ein Kandidat ein Pärchen entdeckt, so ist er noch einmal an der Reihe. Die gefundenen Pärchen scheiden aus dem Spiel aus und nehmen hinter dem Kandidaten Aufstellung.

Bemerkung

Falls das Spiel in dieser Form für ein erstes Schuljahr zu schwer ist, können den Kindern auch vorgefertigte Buchstaben- und Wörterkärtchen gegeben werden. Alternativ kann ein Kind auch einen Buchstaben in die Luft schreiben und der Partner nennt den Buchstaben.

Bewegungsspiele für den Deutschunterricht

Buchstabenstopper

 Lernziel

Wichtige Fähigkeiten und Kenntnisse im Rechtschreiben auf der Laut- und Buchstabenebene, regelhafte Laut-Buchstaben-Zuordnungen kennen und anwenden lernen
Schulung der Unterscheidung von Lauten, Erfassen der Lautstruktur von Wörtern

Benötigtes Material

Keins

Spieldauer

5–10 Minuten

 Spielverlauf

Die Lehrkraft gibt der Klasse einen bestimmten Buchstaben vor, z.B. den Buchstaben „E". Alle Kinder laufen durch die Klasse oder leise auf der Stelle (je nach Lautstärke). Die Lehrkraft nennt ein Wort, etwa „Ameise". Befindet sich der gesuchte Buchstabe „E" im genannten Wort, so bleiben alle Kinder sofort stehen. Ist der Buchstabe nicht enthalten, laufen alle weiter.

 Bemerkung

Zur besseren Konzentration kann das Spiel auch mit geschlossenen Augen gespielt werden.

Britta Buschmann: Lernen in Bewegung – 1. und 2. Klasse
© Persen Verlag, Buxtehude

Lebendige Buchstaben

 Lernziel

Wichtige Fähigkeiten und Kenntnisse im Rechtschreiben auf der Laut- und Buchstabenebene, regelhafte Laut-Buchstaben-Zuordnungen kennen und anwenden lernen
Visualisierung der Buchstaben

Benötigtes Material

Keins

Spieldauer

5–10 Minuten

 Spielverlauf

Die Kinder schleichen leise durch die Klasse. Die Lehrkraft ruft einen Buchstaben, den die Kinder in Teams gemeinsam mit ihren Körpern auf dem Boden bilden müssen. Dabei spielt die Anzahl der Kinder, die für einen Buchstaben benötigt werden, keine Rolle.

 Bemerkung

Keine

Silbenpärchen

 Lernziel

**Wichtige Fähigkeiten und Kenntnisse
im Rechtschreiben auf der Wortebene**
Zerlegung von Wörtern in Silben als
Grundlage für die richtige Schreibung
von einzelnen Wörtern

 Benötigtes Material

Keins

 Spieldauer

10 Minuten

 Spielverlauf

Die Kinder bilden Paare. Ein Kind nennt ein Wort und der Partner muss
die Anzahl der Silben hüpfen. Beispiel: Das Wort „Zauberbuch" wird in
„Zau-ber-buch" zerlegt und verlangt drei Hüpfer. Anschließend wird
gewechselt.

 Bemerkung

Das Spiel kann auch auf dem Schulhof gespielt werden.

Britta Buschmann: Lernen in Bewegung – 1. und 2. Klasse
© Persen Verlag, Buxtehude

Bewegungsspiele für den Deutschunterricht

Wörter hüpfen

 Lernziel

Wichtige Fähigkeiten und Kenntnisse im Rechtschreiben auf der Wortebene erlangen
Üben und Festigen der Lernwörter und deren Lautfolge, Anwenden von Rechtschreibregeln

Benötigtes Material

Kreide, Liste mit aktuellen Lernwörtern der Klasse oder Lernwörterkartei

Spieldauer

10–15 Minuten

 Spielverlauf

Die Klasse wird in mehrere Gruppen geteilt. Jede Gruppe erhält ein Stück Kreide und eine Liste mit Lernwörtern. Die Kinder schreiben die von der Lehrkraft vorgegebenen Buchstaben mit einigem Abstand voneinander auf den Boden. Beispiel: Eine Gruppe schreibt die Buchstabenfolge U S H A. Anschließend wird ein Kind der Gruppe bestimmt, das als Erstes ein Lernwort von der Liste hüpfen darf, z.B. das Wort „Haus". Die anderen versuchen zu erlesen, um welches Wort es sich handelt. Wer das Wort erraten hat, darf als Nächstes hüpfen.

 Bemerkung

Das Spiel sollte auf dem Schulhof gespielt werden.

Verbenspiel

 Lernziel

**Reflexion des schriftlichen Sprach-
handelns, erste Einsichten in Wortarten gewinnen**
Verben kennenlernen

 **Benötigtes
Material**

Wortkarten (leicht
selbst herzustellen,
eventuell aktuelle
Lernwörter)

 Spieldauer

5–10 Minuten

 Spielverlauf

Jedes Kind erhält eine Wortkarte und legt sie umgedreht an seinen
Platz. Ein Kind stellt sein Wort pantomimisch dar und die anderen versuchen, es zu erraten. Wer das Wort erraten hat, darf sich die Wortkarte
nehmen. Wer hat am Ende die meisten Karten ergattern können?

 Bemerkung

Natürlich kann dieses Spiel auch mit andern Wortarten gespielt werden (Nomen).

Wortarten in Aktion

Lernziel

**Reflexion des schriftlichen Sprach-
handelns, erste Einsichten in die
Wortarten gewinnen**
Unterscheidung der Wortarten

Benötigtes Material

Tafel

Spieldauer

5–10 Minuten

Spielverlauf

An der Tafel steht ein kurzer Text. Die Lehrkraft liest den Text vor. Dabei müssen die Kinder während des Vorlesens auf folgende Weise agieren:

Nomen: **in die Hände klatschen**

Adjektiv: **mit den Füßen stampfen**

Verb: **die Arme in die Luft werfen**

Bemerkung

Das Spiel eignet sich in dieser Form erst ab Klasse 2.

Der, die oder das?

Lernziel

**Reflexion des schriftlichen Sprach-
handelns, erste Einsichten in die
Wortarten und ihre Formmerkmale
gewinnen**

Festigung und Sicherung im Gebrauch
mit bestimmten Artikeln

Benötigtes Material

Keins

Spieldauer

5–10 Minuten

Spielverlauf

Drei Kinder werden ausgewählt und stellen die bestimmten Artikel
„der, die, das" dar und nehmen getrennt voneinander Aufstellung. Die
anderen Kinder gehen leise durch die Klasse. Auf Zuruf eines Wortes
durch die Lehrkraft (z.B. „Haus") müssen die Kinder sich schnell hinter
das richtige Kind bzw. hinter den richtigen Artikel stellen.

Bemerkung

Das Spiel kann auch mit den unbestimmten Artikeln „ein", „eine" gespielt werden.

Britta Buschmann: Lernen in Bewegung – 1. und 2. Klasse
© Persen Verlag, Buxtehude

Erzählspaziergang

Lernziel

Mündliches Sprachhandeln
Verstehendes Zuhören, miteinander sprechen, erzählendes Sprechen

Benötigtes Material

CD-Player, Musik

Spieldauer

15 Minuten

Spielverlauf

Die Kinder bewegen sich zur Musik durch die Klasse. Stoppt die Musik, erzählen die Kinder dem Kind, dem sie gerade begegnen, ihr Wochenenderlebnis. Startet die Musik, bewegen sich die Kinder weiter. Bei erneutem Musikstopp tauschen sie sich mit einem neuen Partner aus. Anschließend treffen sich alle im Erzählkreis und berichten nacheinander vom Wochenende. Dabei schildert jedes Kind das Erlebnis seiner Partner.

Bemerkung

Da die Erlebnisse der andern meist nur sehr knapp wiedergegeben werden, empfiehlt es sich, zwei Partner zu treffen. Zu inhaltlichen Wiederholungen kommt es meist nicht, da sich die Kinder oft unterschiedliche Details merken. Der Erzählspaziergang bietet sich als Erzählkreis nach dem Wochenende an als Montagsritual.

Quatschsätze/ Quatschgeschichten

 Lernziel

Schreibprozess: Schreiben von Sätzen und Texten
Kreatives Schreiben

 Benötigtes Material

Ein Blatt und ein Stift für jedes Kind, Musik, CD-Player

 Spieldauer

5–10 Minuten

 Spielverlauf

Die Kinder sitzen an ihrem Platz. Auf jedem Tisch liegen Papier und Stift. Zu Beginn schreibt jedes Kind ein Wort auf sein Blatt. Musik wird eingespielt. Alle Kinder verlassen nun ihren Platz und bewegen sich durch den Raum. Wenn die Musik stoppt, sucht sich jedes Kind einen neuen Platz, liest sich das Wort durch und schreibt ein neues Wort hinzu. Dann erfolgt wieder Musik und freies Bewegen im Raum bis zum letzten Musikstopp. Jedes Kind setzt sich wieder an seinen ursprünglichen Platz und die so entstandenen Sätze bzw. Geschichten können von den Kindern vorgelesen werden.

 Bemerkung

Es müssen mindestens so viele Durchgänge durchgeführt worden sein, dass auch Sätze entstehen können.

Britta Buschmann: Lernen in Bewegung – 1. und 2. Klasse
© Persen Verlag, Buxtehude

Persen

Bodies in action

 Lernziel

Kommunikation – sprachliches Handeln
Hör-/Sehverstehen

 Benötigtes Material

keins

 Spieldauer

5–10 Minuten

 Spielverlauf

Bei diesem Spiel werden die Körperteile berührt und bezeichnet. Zur Verinnerlichung werden die Körperteile immer wieder benannt und berührt. Anschließend berührt die Lehrkraft ein Körperteil und die Kinder benennen es.

Formulierungshilfe:

> **This is the nose. Let's all touch our nose.**
> **This is the _____. Let's all touch our _____.**
> **OR: These are the _____. Let's all touch our _____.**

head	**eyes**	**hair**
lips	**cheeks**	**chin**
neck	**shoulders**	**arms**
hands	**fingers**	**chest**
stomach	**elbows**	**wrist**
knees	**legs**	**feet**
ankles	**ears**	**thumbs**

Bemerkung

Es können auch Kinder die Rolle der Lehrkraft einnehmen.

Bewegungsspiele für den Englischunterricht

Freeze

Kommunikation – sprachliches Handeln
Hör-/ und Sehverstehen

Benötigtes Material

Keins

Spieldauer

5–10 Minuten

 Spielverlauf

Folgende Bewegungen werden eingeführt:

run: **auf der Stelle rennen**
jump: **auf der Stelle hüpfen**
hop: **auf einem Bein hüpfen**
freeze: **einfrieren und sich nicht mehr bewegen**

Die Lehrkraft nennt einen Begriff und die Kinder führen die dementsprechende Bewegung aus. Fällt die Anweisung „freeze", darf sich kein Kind bewegen. Wer sich doch bewegt, erhält eine „Strafe". So werden nacheinander folgende „Strafen" eingeführt:

Put your left hand on your nose.
Put your right hand on your ear.
Sit down.
Game over.

Formulierungshilfen:

> **I am going to tell you to do something.**
>
> **If I say run, you run in place. If I say hop, you hop in place.**
>
> **If I say jump, you jump on one leg.**
>
> **If I say freeze, you have to stand very still!**
>
> **If you move, you get a penalty.**

Bewegungsspiele für den Englischunterricht

There are four penalties:

Put your left hand on your nose.
Put your right hand on your ear.
Sit down.
Game over.

Now listen carefully!

 Bemerkung

Keine

Animals in action

 Lernziel

Kommunikation – sprachliches Handeln
Hör-/Sehverstehen

Benötigtes Material

Keins

Spieldauer

5–10 Minuten

 Spielverlauf

Die Kinder ahmen Tiere mit arttypischen Bewegungen pantomimisch nach, z.B. „cat" – mit der Hand eine Tatze bilden, „dog" – hecheln. Zur Verinnerlichung werden die Tiernamen mit der entsprechenden Bewegung wiederholt. Anschließend führt die Lehrkraft eine Bewegung aus und die Kinder nennen den entsprechenden Namen des Tieres.

Formulierungshilfe:

> **I am going to name an animal.**
>
> **Then I will show you something which this animal does.**
>
> **When I say this animal's name, we will make the movement together.**
>
> **After we have practiced some animal names, I will say the name, and you make the movements.**
>
> **Then each of you can take turns saying an animal name.**

 Bemerkung

Es können auch Kinder die Rolle der Lehrkraft einnehmen. Die Lehrkraft kann auch fragen, welche Laute die Tiere machen. Beispiel: "What sound does a dog make?" Antwort: "woof" oder: "wow, wow". "What sound does a cat make?" Antwort: "meow". Danach sagt die Lehrkraft z.B.: "woof", und die Kinder antworten: "dog".

Touch the colour

Lernziel

Kommunikation – sprachliches Handeln
Hörverstehen, Festigen von Vokabeln

Benötigtes Material

4 Farbkarten (einfach selbst herzustellen)

Spieldauer

10–15 Minuten

Spielverlauf

Es werden zwei Teams gebildet, die gegenüber voneinander Aufstellung nehmen. Jede Mannschaft erhält zwei Farben. Die Lehrkraft hält diese Farben auf Farbkarten versteckt. Dann wirft sie eine Farbkarte auf den Boden. Die Mannschaft, der die Farbe gehört, versucht blitzschnell, die Kinder der anderen Mannschaft zu fangen. Die Gejagten versuchen, eine bestimmte Ziellinie zu erreichen. Wer gefangen wurde, wechselt das Team. Gewonnen hat die Mannschaft, die am Ende die meisten Kinder hat.

Formulierungshilfen:

> **Divide into two teams.**
> **The two teams stand in a line facing each other.**
> **Each team gets two colours.**
> **I will throw a card on the floor.**
> **If the colour belongs to your team, you try to catch the children in the other team before they reach the safe line.**
> **If you get caught, you become part of the other team.**
> **Don't forget that you have to watch out for the other colours if you get caught!**
> **The team at the end with the most children wins.**

 ## Bemerkung

Das Spiel sollte auf dem Schulhof gespielt werden.

Action dice

Lernziel

Kommunikation – sprachliches Handeln
Hörverstehen, Festigen von Sätzen

Benötigtes Material

1 Schaumstoffwürfel

Spieldauer

10 Minuten

 ## Spielverlauf

Jeder Augenzahl ist eine Bewegung zugeordnet, die an der Tafel notiert wird. Alle Kinder stehen. Die Lehrkraft oder ein Kind würfelt und die Klasse muss die Bewegung ausführen, die der gewürfelten Augenzahl entspricht.

Formulierungshilfen:

1 **Clap your hands**
2 **Turn around**
3 **Stamp your feet**
4 **Sit down**
5 **Lie on the ground**
6 **Touch your knees**

I will throw a dice onto the floor. Each number means you have to do something different.
Here are the numbers. Let's practice the movements first.

 ## Bemerkung

Als Verständnishilfe sollten die Bewegungen mit den Kinder vorher zusammen durchgeführt werden.

Britta Buschmann: Lernen in Bewegung – 1. und 2. Klasse
© Persen Verlag, Buxtehude

Numbers in action

Lernziel

Kommunikation – sprachliches Handeln
Hörverstehen, Festigen von Sätzen

 Spielverlauf

Benötigtes Material

1 Zahlenkarte für jedes Kind, jede Karte muss doppelt vorkommen

Spieldauer

10 Minuten

Die Kinder teilen sich in zwei Teams und sitzen im Kreis. Die Lehrkraft verteilt Zahlen, wobei immer zwei Kinder pro Team die gleiche Zahl erhalten. Die Lehrkraft formuliert Sätze, in denen jeweils eine Zahl vorkommt. Wessen Zahl genannt wurde, muss so schnell wie möglich eine Runde um den Kreis rennen oder einmal um den Kreis hüpfen, rückwärtslaufen, auf einem Bein springen usw. Der jeweils Erste erhält einen Punkt für sein Team.

Formulierungshilfen:

> **Divide into two teams. Everybody sits in a circle on the floor.**
>
> **I will give each of you a number card.**
>
> **There will be two children who have the same number, one of each team.**
>
> **Then I will say a sentence with a number in it, like "There are four birds in the tree."**
>
> **If you have the number four, then you have to jump up and run around the circle as fast as you can.**
>
> **Sometimes you will have to hop, jump on one leg, or run backwards around the circle, so listen carefully to what I say.**

The first child who gets back to their place and sits down wins a point for their team.

The team at the end with the most points wins.

 ## Bemerkung

Das Spiel kann auch auf dem Schulhof durchgeführt werden.

Mixed Pickles

Lernziel

Kommunikation – sprachliches Handeln
Hörverstehen/Hör-Sehverstehen

Benötigtes Material

Keins

Spieldauer

10 Minuten

Spielverlauf

Die Kinder bilden einen Sitzkreis. Die Lehrkraft teilt den Kindern Gemüsenamen zu, wobei jeder Begriff doppelt besetzt wird. Ein Kind steht als Spielleiter in der Mitte des Kreises und nennt ein Gemüse. Die Kinder, die den Namen dieses Gemüses erhalten haben, tauschen die Plätze. Der Spielleiter versucht ebenfalls, einen Sitzplatz zu ergattern. Wer keinen Sitzplatz erhalten hat, wird zum Spielleiter. Zwischendurch ruft die Lehrkraft „mixed pickles": Jetzt müssen alle Kinder gleichzeitig die Plätze tauschen.

Formulierungshilfe:

> **Form a circle with your chairs.**
>
> **Each of you has a card with the name of a vegetable.**
>
> **One of you stands in the middle of the circle without a card.**
>
> **The one in the middle says the name of a vegetable.**
>
> **When you hear your vegetable, jump up and change your seat.**
>
> **When I say "mixed pickles", you all have to change your seats.**

Bemerkung

Das Spiel wird noch lustiger, wenn jeweils drei Kinder einem Gemüse zugeordnet sind. Das Spiel lässt sich auch auf andere Themen übertragen, es muss dann nur ein neuer Oberbegriff gefunden werden.

Bewegungsspiele für den Englischunterricht

Right or wrong?

 Lernziel

Kommunikation – sprachliches Handeln
Hörverstehen

 Benötigtes Material

Keins

 Spieldauer

10–15 Minuten

 Spielverlauf

Die Kinder bilden zwei Teams, die sich in zwei Reihen mit einigem Abstand zur Tafel hintereinander aufstellen. An der Tafel hängen zwei Schilder mit den Aussagen „right" und „wrong". Die Lehrkraft zeigt einen Gegenstand und behauptet etwa „This pencil is red." Ist die Aussage richtig, so muss jeweils das erste Kind einer Reihe ganz schnell zur Tafel rennen und das dementsprechende Schild berühren. Der Schnellere erhält einen Punkt für sein Team. Die Punkte können an der Tafel festgehalten werden.

Formulierungshilfe:

>Stand in two lines facing the front of the classroom.

>There are two signs on the board: "Right" and "Wrong".

>I will say something like "This pencil is red."

>If the pencil is red, the two children at the front of each line run to the board as fast as they can and touch the sign that says "Right".

>If the pencil is not red, the two children at the front of each line run to the board as fast as they can and touch the sign that says "Wrong".

Britta Buschmann: Lernen in Bewegung – 1. und 2. Klasse
© Persen Verlag, Buxtehude

The first one to touch the correct sign gets a point for their team.

Listen carefully!

 Bemerkung

Keine

Bewegungsspiele für den Englischunterricht

Up and down

 Lernziel

Kommunikation – sprachliches Handeln
Hörverstehen

 Benötigtes Material

Keins

 Spieldauer

5 Minuten

 Spielverlauf

Die Kinder stehen neben ihrem Stuhl. Die Lehrkraft trifft eine Aussage, z.B. "This pencil is green", und hält den entsprechenden Gegenstand hoch. Ist die Aussage wahr, stellen sich die Kinder auf ihren Stuhl, ist sie falsch, setzen sie sich auf den Boden.

Formulierungshilfe:

> **Stand up near your chair.**
>
> **I will say something like "This pencil is green."**
>
> **If the pencil is green, you all stand on your chairs.**
>
> **If the pencil is not green, you all sit on the floor.**

 Bemerkung

Das Spiel kann man variieren, indem man das Objekt falsch benennt. Beispiel: Man zeigt eine Möhre und behauptet: "This banana is orange".

Britta Buschmann: Lernen in Bewegung – 1. und 2. Klasse
© Persen Verlag, Buxtehude

The Queen says

Lernziel

Kommunikation – sprachliches Handeln

Schulung des Hörverstehens durch Ausführen von Handlungen

Benötigtes Material

Keins

Spieldauer

10 Minuten

Spielverlauf

Die Kinder stellen sich hin und die Lehrkraft gibt den Schülern Anweisungen. Allerdings befolgen die Kinder die Anweisungen nur, wenn die Lehrkraft ihren Satz mit "The Queen says ..." beginnt. Unterlässt sie dieses, bleiben die Kinder einfach stehen.

Formulierungshilfe:

> **I will now tell you to do something.**
>
> **If I say "The Queen says" first, then you have to do what I say.**
>
> **If I don't say "The Queen says" first, you have to stand still and not move.**
>
> **So if I say, "The Queen says touch your knee", you touch your knee.**
>
> **If I say, "Touch your nose", you do not move.**
>
> **Listen carefully!**

Bemerkung

Dieses Spiel lässt sich auf alle möglichen Themen übertragen. So können Körperteile oder Gegenstände berührt werden oder bestimmte Orte in der Klasse aufgesucht werden.

Whisper

Lernziel

Kommunikation-sprachliches Handeln
Wortschatztraining

Benötigtes Material

2 identische Bild-kartensätze für jede Gruppe

Spieldauer

10–15 Minuten

Spielverlauf

Die Kinder bilden zwei Teams, die sich in zwei Reihen hintereinander aufstellen. Vor dem jeweils ersten Kind liegen alle Karten aufgedeckt auf dem Boden. Den anderen Kartensatz jeder Gruppe hält die Lehrkraft. Die Lehrkraft zeigt dem ersten Kind der Gruppe eine Karte. Nun muss das Kind flüsternd den Begriff der Bildkarte an seinen Hintermann weitergeben. Das letzte Kind der Reihe rennt dann nach vorne, greift die passende Bildkarte vom Boden und benennt laut das Wort. Wenn das Wort und die Karte zur ersten Karte passen, erhält das Team einen Punkt. Das Kind, das aus jeder Gruppe jetzt vorne steht, startet die nächste Runde. Gewonnen hat das Team mit den meisten Punkten.

Formulierungshilfen:

> **Stand in two lines facing the front of the classroom.**
>
> **I will show the first child in each line a card with a picture on it.**
>
> **The first child whispers the word to the next child in the line.**
>
> **The second child whispers it to the third child, and so on.**
>
> **Here in the front on the floor are all the picture cards.**

Britta Buschmann: Lernen in Bewegung – 1. und 2. Klasse
© Persen Verlag, Buxtehude

The last child in the line runs up here to the front picks up the card which matches the word that was whispered.

If the card is the same one I showed to the first child in the line, the team wins one point.

The last child is now the first child in the line.

After all children have been at the front of the line, the game is over.

The team with the most points wins.

 ## Bemerkung

Die Bildkarten auf den Folgeseiten wurden für das Thema „animals" zusammengestellt. Selbstverständlich lässt sich das Spiel auch auf andere Oberthemen übertragen. Es werden dann nur dementsprechende Bildkarten benötigt.

Material zum Spiel „Whisper"

 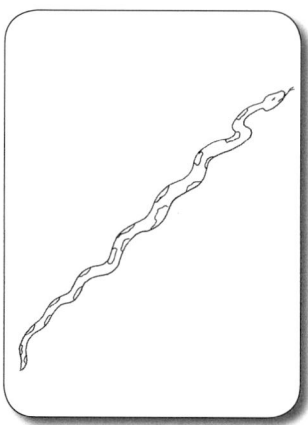 

Britta Buschmann: Lernen in Bewegung – 1. und 2. Klasse
© Persen Verlag, Buxtehude

Material zum Spiel „Whisper"

Material für das Spiel „Whisper"

 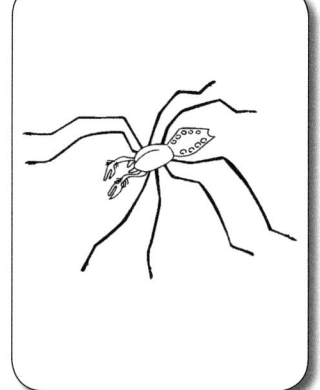 

Britta Buschmann: Lernen in Bewegung – 1. und 2. Klasse
© Persen Verlag, Buxtehude

Material zum Spiel „Whisper"

Don't catch the vegetable

 ## Lernziel

Kommunikation – sprachliches Handeln
Sprechen

 Benötigtes Material

Keins

 Spieldauer

10 Minuten

 ## Spielverlauf

Ein Kind wird zum Fänger. Die anderen Kinder können sich vor dem Fänger retten, indem sie ein Gemüse nennen und auf der Stelle stehen bleiben. Sie können von den anderen Kindern wieder erlöst werden, indem sie von ihnen einmal um die eigene Achse gedreht werden. Wer gefangen wurde, wird zum neuen Fänger.

Formulierungshilfen:

> **Who wants to be the catcher?**
>
> **The catcher tries to catch the other children.**
>
> **If you think you are going to be caught, stop and call out the name of a vegetable. Then you have to stay there until somebody comes to help you.**
>
> **If another child comes and turns you around in a circle, you can run again.**
>
> **If a child is caught, it becomes the new catcher**

Bemerkung

Das Spiel sollte auf dem Schulhof gespielt werden.

Fruit or vegetable?

Lernziel

**Kommunikation –
sprachliches
Handeln**
Sprechen und Lese-
verstehen

Benötigtes Material

2 identische Stapel Bildkarten zum Thema „fruits and vegetables", je 2 Schilder für jede Mannschaft mit den Aufschriften „fruit" und „vegetable", 1 Rollbrett pro Mannschaft

Spieldauer

15 Minuten

Spielverlauf

Es werden zwei Teams gebildet, die hintereinander Aufstellung nehmen. Immer zwei Kinder gehen paarweise zusammen. Der erste Partner nimmt eine Bildkarte, spricht das Wort und lässt sich so schnell es geht von seinem Partner mit dem Rollbrett zur gegenüberliegenden Seite fahren. Dort findet er zwei Schilder vor, deponiert die Karte unter dem richtigen Schild und lässt sich wieder zurück fahren. Nun ist das nächste Paar an der Reihe. Sieger ist das Team, welches am schnellsten war und alle Bildkarten richtig zugeordnet hat.

Formulierungshilfen:

> **There are two teams. In both teams, each child chooses a partner to work with.**
>
> **Stand in two lines. I will give the first pair in each team a card.**
>
> **One of you reads the word on the card, and the other one drives you to the other side as fast as possible.**
>
> **On the other side you will see two signs. One sign is for vegetables, the other is for fruits.**
>
> **Put the card under the right sign.**

Then come back to your team as fast as possible.

The next pair will receive a card and does the same thing.

The first team which puts all the cards under the proper sign is the winner.

 Bemerkung

Das Spiel sollte auf dem Schulhof gespielt werden.

Britta Buschmann: Lernen in Bewegung – 1. und 2. Klasse
© Persen Verlag, Buxtehude

Material für das Spiel „fruit or vegetable?"

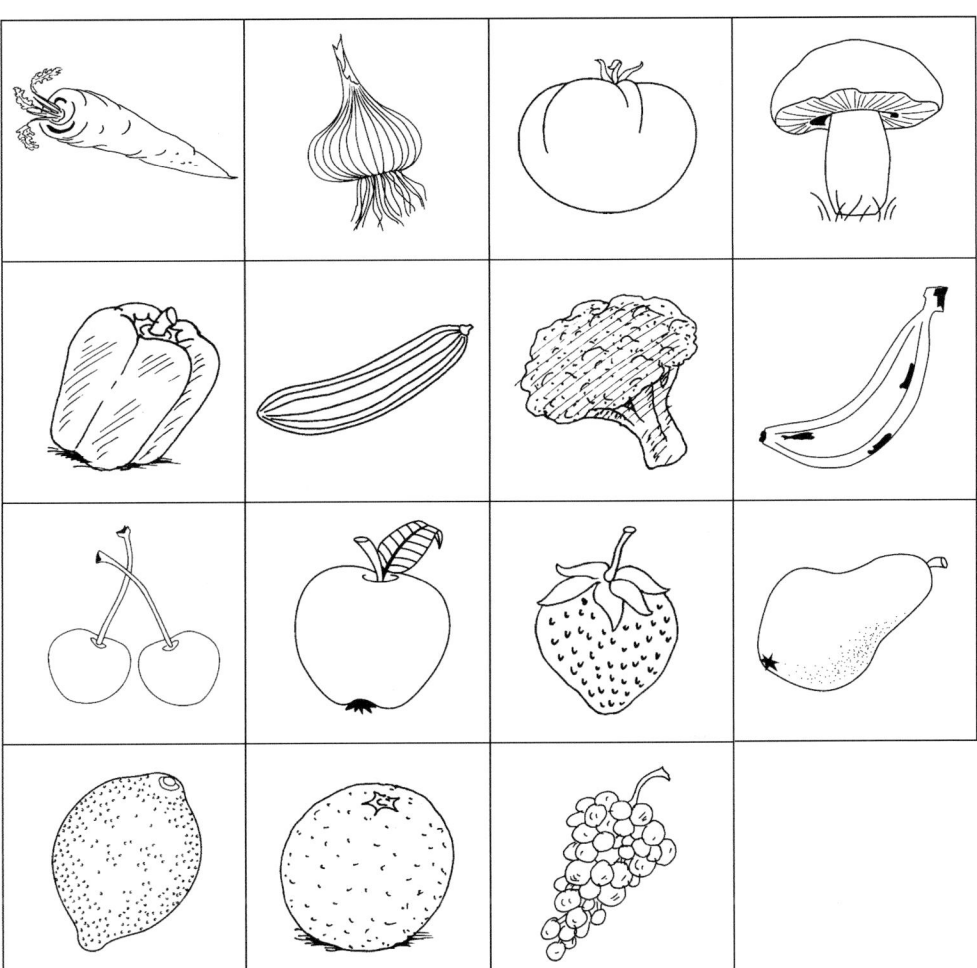

Material für das Spiel „fruit or vegetable?"

fruit

Material für das Spiel „fruit or vegetable?"

vegetable

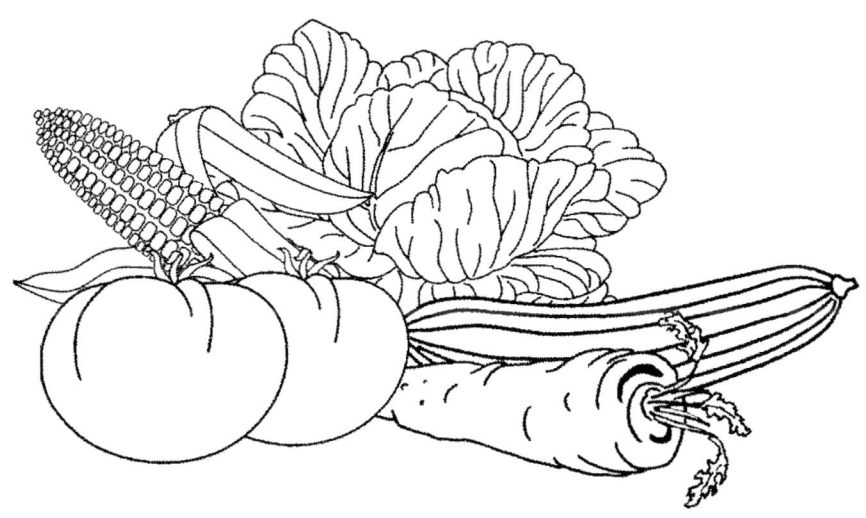

Who is afraid?

 Lernziel

Kommunikation – sprachliches Handeln
Sprechen, Schulung von Frage-und-Antwort-Schemata

Benötigtes Material

Keins

Spieldauer

10 Minuten

 Spielverlauf

Ein Fänger wird bestimmt und steht den anderen Kindern gegenüber. Er ruft nun folgende Sätze:

Fänger:	"Who is afraid of ... (tigers)?"
Gruppe:	"Nobody!"
Fänger:	"Who is afraid of ..?"
Gruppe:	"Nobody!"
Fänger:	"Who is afraid of me?"
Gruppe:	"We are!"

Anschließend versuchen die Kinder auf die andere Seite zu gelangen, ohne geschnappt zu werden. Wer gefangen wurde, hilft dem Fänger.

Britta Buschmann: Lernen in Bewegung – 1. und 2. Klasse
© Persen Verlag, Buxtehude

Formulierungshilfen:

One of you is the catcher. The catcher stands facing the group.

The catcher will ask some questions like "Who is afraid of ...?"

You all answer together: "Nobody!"

If the catcher asks "Who is afraid of me?" you all answer "We are!"

Then you all run as fast as you can to the other side.

If you are caught, then you have to help the catcher.

 Bemerkung

Das Spiel sollte auf dem Schulhof gespielt werden.

Corner teams

 Lernziel

Kommunikation – sprachliches Handeln
Sprechen

Benötigtes Material

Bildkarten zu den Oberthemen des eigenen Lehrmaterials

Spieldauer

10 Minuten

 Spielverlauf

Die Klasse wird in vier Mannschaften eingeteilt. Jede Mannschaft erhält einen Oberbegriff, etwa „fruits", „body parts", „animals","clothes". Jedes Team erhält die gleiche Anzahl an Bildkarten, die Gegenstände aus dem jeweiligen Sachgebiet zeigen. Diese verbleiben aber bei der Lehrkraft.

Die Mannschaften stellen sich in den vier Ecken des Raumes auf. In der Mitte steht die Lehrkraft und hält die Bildkarten verdeckt. Auf ein Zeichen deckt die Lehrkraft eine Karte auf und die jeweils ersten Kinder einer Gruppe laufen in die Mitte. Die Mannschaft, zu deren Sachgebiet das Bild gehört, nennt den Begriff. Ist dieser richtig, erhält die Mannschaft die Karte und einen Punkt. Die Kinder rennen in ihre Ecke zurück und der Nächste ist an der Reihe.

Die Mannschaft mit den meisten Punkten hat gewonnen.

Formulierungshilfen:

> **Split into 4 teams. Each team goes into one of the corners.**

> **Each group has a subject like fruits, body parts, animals, or clothes.**

> **I will hold up a card. The first child in each team runs to me in the middle.**

Britta Buschmann: Lernen in Bewegung – 1. und 2. Klasse
© Persen Verlag, Buxtehude

If the card is one of the items from your group, you must tell me the name of what you see on the card.

If it´s right, you´ll keep the card and win one point.

The team at the end with the most cards wins.

 ## Bemerkung

Das Spiel kann auch auf dem Schulhof gespielt werden.

Throw the dice

 Lernziel

Kommunikation – sprachliches Handeln
Sprechen

 Benötigtes Material

1 Würfel pro Team

 Spieldauer

5 Minuten

 Spielverlauf

Die Kinder bilden Paare. Jedes Paar erhält einen Würfel. Ein Partner würfelt zweimal, das andere Kind addiert die Zahlen, hüpft das Ergebnis und benennt die englische Zahl. Dann wird gewechselt.

Formulierungshilfen:

> **Split into groups of two children.**
>
> **Each group receives one dice.**
>
> **One child throws the dice twice. Remember the numbers!**
>
> **The second child adds the two numbers together, then jumps that many times and says the number out loud.**
>
> **Then you switch, and the second child rolls the dice.**

 Bemerkung

Keine

Britta Buschmann: Lernen in Bewegung – 1. und 2. Klasse
© Persen Verlag, Buxtehude

Hello, my name is ...

Lernziel

Kommunikation – sprachliches Handeln
Sprechen

Benötigtes Material

CD-Player, Musik

Spieldauer

5 Minuten

Spielverlauf

Die Kinder bilden einen Innen- und einen Außenkreis. Wenn die Musik beginnt, laufen die Kinder im Innenkreis im Uhrzeigersinn und die Kinder im Außenkreis in entgegengesetzter Richtung. Bei Musikstopp bleiben die Kinder stehen und begrüßen ihr Gegenüber, indem sie sich auf Englisch vorstellen.

Formulierungshilfen:

> **Form two circles with the same number of children.**
>
> **One circle is inside the other.**
>
> **The inner circle faces out, the outer circle faces in.**
>
> **I will play some music.**
>
> **When the music starts, both circles move to their right.**
>
> **When the music stops, everybody stands still.**
>
> **Greet the child who is facing you: "Hello, my name is ..." .**
>
> **The inner circle greets first, then the outer circle.**

Bemerkung

Keine

Snap it

 Lernziel

Kommunikation-sprachliches Handeln
Sprechen

Benötigtes Material

Bildkarten aus eigenem Lehrmaterial

Spieldauer

10 Minuten

 Spielverlauf

Die Kinder gehen in Kleingruppen zusammen und setzten sich auf den Boden oder an ihren Gruppentisch. Alle Karten liegen gut sichtbar auf dem Boden. Ein Spielleiter wird bestimmt. Die Kinder halten ihre Hände hinter dem Rücken versteckt. Der Spielleiter nennt nun eine Bildkarte und die anderen versuchen blitzschnell mit der Hand auf die richtige Karte zu tippen. Der Schnellste darf die Karte behalten. Gewinner ist, wer die meisten Karten ergattern konnte.

Formulierungshilfen:
    Divide into groups. Sit on the floor or at your table.
    Place your cards in the centre of your group where everybody can see them.
    Choose a game leader.
    Put your hands behind your back.
    The game leader names one of the things on the cards.
    Everybody tries to find the picture and snap the card.
    The child who gets the card first may keep it.
    The child at the end with the most cards wins the round.
    Then another child can be the game leader.

 Bemerkung

Keine

Take it down

Lernziel

Kommunikation – sprachliches Handeln
Sprechen, Festigen von Vokabeln

Benötigtes Material

Bildkarten zum Thema „clothes" (aus eigenem Lehrmaterial) oder Kleidungsstücke, 2 Wäscheleinen, Wäscheklammern

Spieldauer

10 Minuten

Spielverlauf

Es werden zwei Teams gebildet, die in zwei Reihen hintereinander Aufstellung nehmen. In der Klasse oder auch auf dem Schulhof sind zwei Leinen mit Wäsche gespannt (Bildkarten oder Kleidungsstücke). Auf ein Kommando läuft das jeweils erste Kind der Reihe los, nimmt sich ein Kleidungsstück von der Leine, benennt es und rennt damit zur Gruppe zurück. Dann ist der Nächste an der Reihe. Welche Mannschaft hat zuerst alle Kleidungsstücke abgeräumt und alle Begriffe richtig benannt? Die Kinder können selbst wählen, welches Kleidungsstück sie abhängen wollen. Wer kein Kleidungsstück benennen kann, rennt zurück, sucht sich einen Partner und darf mit ihm zusammen ein Kleidungsstück von der Leine nehmen.

Divide into two teams.

Each team stands in a line.

When I say "Go!" the first child in each line runs to the clothesline and picks out a piece of clothing. Each child has to call out the name of the clothing and take it down from the clothesline. If it is the correct name, they get to keep the card. If not, I will put it back on the clothesline.

If you do not know the name of any of the clothes on the clothesline, go back to your group and bring a partner with you. Then you choose a piece of clothing together.

After you are done, you run back to your group.

The team which takes all the clothes off the clothesline first is the winner.

Britta Buschmann: Lernen in Bewegung – 1. und 2. Klasse
© Persen Verlag, Buxtehude

Ein Ausflug mit dem Elefanten und der Maus

 Lernziel

Bewegungsspaß, Konzentration, genaues Zuhören, Beweglichkeit, Reaktionsfähigkeit und -schnelligkeit

Benötigtes Material

Geschichte

Spieldauer

5 Minuten

 Spielverlauf

Die Lehrkraft liest die Geschichte vor. Die Kinder stehen neben dem Stuhl und reagieren auf festgelegte Schlüsselwörter mit folgenden Bewegungen:

Elefant:	**Rüssel mit Armen machen**
Maus:	**auf allen Vieren gehen**
riesig:	**auf den Stuhl steigen**
klein:	**unter den Tisch gehen**

Vor langer, langer Zeit lebten ein **Elefant** und eine **Maus** friedlich als dicke Freunde zusammen. Und weil sie sich immer so gut verstanden, unternahmen sie in ihrer Freizeit möglichst viel miteinander.
Eines Tages hatte der **Elefant** eine **riesige** Idee: „Hör mal, **Maus**, heute machen wir einen Ausflug ins **Riesen**gebirge!" Die **Maus** war sofort einverstanden und suchte schnell ihre sieben Sachen zusammen, eine **kleine** Mütze und etwas zu Essen und natürlich ihre Tasche. Und dann ging es auch schon los. Bald schon trafen die beiden ein paar Spaziergänger, die einen ganz **kleinen** Hund bei sich hatten. Das Paar grüßte

die beiden höflich:„Hallo **Maus**, hallo **Elefant**!" Und die **Maus** und der **Elefant** grüßten zurück. Der **Elefant** und die **Maus** hatten einen beschwerlichen Weg vor sich, denn für die **Maus** war es ganz schön anstrengend einen so **riesigen** Berg zu erklimmen. Bald schon fing sie an zu jammern:„Mensch, **Elefant**, ich kann nicht mehr. Ich bin ja so **klein** und du so **riesig**, kannst du mich nicht ein wenig tragen?"„O.K.", antwortete der **Elefant** und blitzschnell nahm er die **kleine Maus** auf seinen Rücken und machte sich mit **riesigen** Schritten daran, den Berg zu besteigen.

Nachdem sie schließlich den Gipfel erreicht hatten, packte die **Maus** ihre **kleine** Tasche aus und beide machten ein Picknick auf dem Gipfel des Berges und genossen die Aussicht.„Mensch, **Elefant**, ist das nicht fantastisch? So eine tolle Aussicht! Schau mal, wie **klein** alles von hier oben aussieht, da komme ich mir richtig **riesig** vor!"

Britta Buschmann: Lernen in Bewegung – 1. und 2. Klasse
© Persen Verlag, Buxtehude

Der kleine Zauberer

Lernziel

Bewegungsspaß, Konzentration, genaues Zuhören, Beweglichkeit, Reaktionsfähigkeit und -schnelligkeit

Benötigtes Material

Geschichte

Spieldauer

5 Minuten

Spielverlauf

Die Lehrkraft liest die Geschichte vor. Die Kinder stehen neben dem Stuhl und reagieren auf festgelegte Schlüsselwörter mit folgenden Bewegungen:

Der kleine Zauberer:	**mit den Händen einen Zauberhut über dem Kopf formen**
Zauberbuch:	**mit den Armen ein Buch in der Luft aufklappen**
zaubern:	**den rechten Arm wie einen Zauberstab hin- und herschwingen**
Hexen:	**so tun, als würde man auf einem Hexenbesen reiten**

Es war einmal ein **kleiner Zauberer**, der lebte in einem kleinen Dorf zusammen mit vielen anderen **Hexen** und Zauberern. Doch leider gehörte **der kleine Zauberer** nie so richtig zu ihnen. Das lag nicht zuletzt daran, dass ihm beim **Zaubern** nichts so recht gelingen wollte. Erst neulich wollte er sich ein großes Eis herbeizaubern, aber was zauberte **der kleine Zauberer**? Er zauberte sich einen riesigen Eisberg ins Haus. Es war aber auch wie verhext. Eines Tages hatten die anderen **Hexen** und Zauberer Mitleid mit dem **kleinen Zauberer** und gaben ihm eine Prüfung auf: Wenn er es schaffte, drei bestimmte Sachen zu

zaubern, sollte er für immer einer von ihnen sein. **Der kleine Zauberer** freute sich und machte sich sogleich an die Arbeit. Er nahm sein **Zauberbuch** und suchte die passenden Sprüche, die dafür nötig waren. Die erste Aufgabe bestand darin, einen Hasen aus seinem Zauberhut zu **zaubern. Der kleine Zauberer** sprach die magischen Worte und schwups zauberte er mit einem riesigen Knall eine Banane aus seinem Zauberhut.

Oh, je! Es war aber auch wie verhext. Nur nicht verzweifeln, jetzt übte der **kleine Zauberer** erst mal einen anderen Zaubertrick ein. Nun sollte er es im Haus regnen lassen, und was geschah? Er ließ es lange Nudeln von der Decke regnen. Dann eben der letzte Trick. Er sollte aus einem **Hexen**besen ein Pferd **zaubern.** Doch was passierte? Vor dem **kleinen Zauberer** stand plötzlich ein kleiner Frosch und eh er sich versah, sprang er auch schon auf und davon.

Die Tage vergingen und der **kleine Zauberer** übte fleißig zu **zaubern.** Aber was er auch tat, es blieb wie verhext und er zauberte immer das Falsche.

Nun kam der Tag der Prüfung und alles, was **der kleine Zauberer** zauberte, war nicht richtig. Doch die anderen **Hexen** und Zauberer fanden dies so lustig, dass **der kleine Zauberer** von nun an täglich für lustige Zaubertricks zuständig war, um alle anderen **Hexen** und Zauberer zum Lachen zu bringen. Und so lebte der **kleine Zauberer** bei den anderen **Hexen** und Zauberern und amüsierte alle mit seinen besonderen Zauberkunststücken.

Britta Buschmann: Lernen in Bewegung – 1. und 2. Klasse
© Persen Verlag, Buxtehude

Im Zoo

Lernziel

Bewegungsspaß, Konzentration, genaues Zuhören, Beweglichkeit, Reaktionsfähigkeit und -schnelligkeit

Benötigtes Material

Geschichte

Spieldauer

5 Minuten

Spielverlauf

Die Klasse teilt sich in fünf Gruppen mit je fünf Mitgliedern. Die Kinder setzen sich hintereinander auf den Boden. Jedes Kind aus der Gruppe erhält einen Begriff:

Tierpfleger	Affen	Löwen	Zebra	Giraffe
Zoo:	**alle müssen rennen**			

Dann trägt die Lehrkraft die Geschichte vor. Fällt ihr Begriff, stehen die jeweiligen Kinder auf und rennen einmal um die Gruppe. Fällt der Begriff „Zoo", müssen alle Kinder aufstehen und eine Runde rennen.

Es ist ein schöner Morgen und **Tierpfleger** Pit macht sich auf den Weg in den **Zoo** zu seiner Arbeit. Hier hat er heute einiges zu tun. Die **Affen** warten in ihrem Gehege schon ganz ungeduldig auf den **Tierpfleger.** Aber die **Affen** müssen sich noch etwas gedulden, denn erst einmal sind die **Zebras** an der Reihe. Der **Tierpfleger** versorgt die **Zebras** mit ihrem Lieblingsfutter. Anschließend wagt er sich in das Raubtiergehege. Doch es ist kein einziger **Löwe** in Sicht, sicher schlafen sie noch. Vorsichtig schleicht sich der **T**ierpfleger hinein. Plötzlich ertönt ein lautes Gebrüll. Es ist Leo **Löwe**, der sich bemerkbar macht. Schnell macht sich der **Tierpfleger** aus dem Staub. Nun muss er ein ganzes Stück durch den **Zoo** laufen, um zu den **Giraffen** zu kommen. Denn das Gehege der **Giraffen** befindet sich am Ende des **Zoos.** Die **Giraf-**

fen bekommen heute etwas Grünzeug zum Frühstück. Der **Tierpfleger** kratzt sich am Kopf: Wen hat er nur vergessen? Natürlich, die **Affen!** Für sie hat er gestern extra Bananen besorgt. Die **Affen** warten schon ganz ungeduldig in ihren Bäumen und schaukeln durch die Gegend. Wo der **Tierpfleger** nur bleibt? Nachdem auch die **Affen** gefüttert worden sind, macht der **Tierpfleger** erst mal eine kleine Pause, bevor er sich den anderen Aufgaben widmet, die er noch im **Zoo** erledigen muss.

Britta Buschmann: Lernen in Bewegung – 1. und 2. Klasse
© Persen Verlag, Buxtehude

Bewegungsgeschichten für Bewegungspausen

Schnick, Schnack

Lernziel

Bewegungsspaß, Konzentration, genaues Zuhören, Beweglichkeit, Reaktionsfähigkeit und -schnelligkeit

Benötigtes Material

Geschichte

Spieldauer

5 Minuten

Spielverlauf

Alle Kinder sitzen im Stuhlkreis. Die Lehrkraft trägt die Geschichte vor. Fällt das Wort „Schnick", setzen sich alle Schüler einen Platz nach rechts, bei „Schnack" nach links.

In einem Zauberdorf leben die beiden Zauberer **Schnick** und **Schnack.** Die beiden Zauberer **Schnack** und **Schnick** sind schon etwas betagt und daher oft auch ein wenig vergesslich. **Schnack** ärgert sich darüber sehr, sein Bruder **Schnick** findet es dagegen eher lustig. Manchmal passiert es, dass sie Zaubersprüche verwechseln. Dann zaubern sie Mäusen riesige Ohren und einen Rüssel oder Giraffen mit Flossen. **Schnick** amüsiert sich darüber immer königlich, **Schnack** verzweifelt meistens.

Neulich erst haben die beiden wieder ihr Zauberbuch verlegt. Weder **Schnack** noch **Schnick** wussten, wo sie es gelassen hatten. Während der Suche stellten sie das ganze Haus auf den Kopf. **Schnick** war der Meinung, **Schnack** habe das Buch im Garten vergessen. **Schnack** vermutete, **Schnick** habe es in der Küche liegen lassen. Doch das Buch blieb verschollen. Die Brüder stritten fürchterlich und redeten den ganzen Tag kein Wort mehr miteinander. Erst abends, als **Schnack** in sein Bett stieg, bemerkte er etwas Hartes. Und richtig, es war das lang gesuchte Zauberbuch. **Schnack** hatte ganz vergessen, dass er gestern Abend noch darin gelesen hatte. **Schnack** zeigte es **Schnick** und der sagte nur: „Also, so ein **Schnick-Schnack** aber auch."

Kleiner Käfer Kribbel-Krabbel

 Lernziel

Taktile Stimulation, Wohlbefinden steigern

 Benötigtes Material

Geschichte

 Spieldauer

5 Minuten

 Spielverlauf

Die Kinder bilden Paare. Ein Partner setzt sich bequem auf den Stuhl und legt den Kopf auf den Tisch, der andere Partner stellt sich dahinter. Die Lehrkraft liest die Geschichte vor und führt die Bewegungen pantomimisch vor. Alternativ kann sie die Bewegungen auch an einer Puppe demonstrieren.

Der kleine Käfer Kribbel-Krabbel macht einen Ausflug.	**Mit den Fingern über den Rücken krabbeln.**
Zuerst krabbelt er auf einen hohen Berg.	**Mit den Fingern den Rücken nach oben krabbeln.**
Auf der anderen Seite krabbelt er den Berg wieder hinunter.	**Mit den Fingern den Rücken nach unten krabbeln.**
Plötzlich fängt es leicht an zu regnen.	**Mit den Fingern leicht auf den Rücken trommeln.**
Doch der Regen wird immer fester und fester.	**Mit den Fingern fester auf den Rücken trommeln.**

Britta Buschmann: Lernen in Bewegung – 1. und 2. Klasse
© Persen Verlag, Buxtehude

Der kleine Käfer kann sich kaum noch halten und wird den Berg hinuntergespült.	**Mit den Handflächen von oben nach unten streichen.**
Zum Glück schiebt die Sonne die Wolken weg und wärmt den Boden.	**Mit den Händen von links nach rechts streichen.**
Der Boden ist jetzt wieder ganz warm und trocken.	**Hände einen Moment auf dem Rücken liegen lassen.**
So kann sich der kleine Käfer Kribbel-Krabbel wieder auf seinen Weg machen.	**Mit den Fingern über den Rücken krabbeln.**

Anschließend werden die Rollen getauscht.

Auf der Wiese ist was los

 Benötigtes Material

Geschichte

 Spieldauer

5 Minuten

 Spielverlauf

Die Kinder bilden Paare. Ein Partner setzt sich bequem auf den Stuhl und legt den Kopf auf den Tisch, der andere Partner stellt sich dahinter. Die Lehrkraft liest die Geschichte vor und führt die Bewegungen pantomimisch vor. Alternativ kann sie die Bewegungen auch an einer Puppe demonstrieren.

Auf der Wiese leben viele Tiere.	**Mit den Händen über den Rücken krabbeln.**
Da gibt es kleine Regenwürmer, die sich durch die Wiese schlängeln.	**Mit dem Zeigefinger über den Rücken hin- und herfahren.**
Käfer krabbeln über die Wiese.	**Mit den Fingern über den Rücken krabbeln.**
Bienen fliegen von Blume zu Blume.	**Mit dem Zeigefinger einige Punkte des Rückens antippen.**

Entspannungsmassagen für Bewegungspausen

Britta Buschmann: Lernen in Bewegung – 1. und 2. Klasse
© Persen Verlag, Buxtehude

Jetzt huscht eine Maus über die Wiese.	**Mit den Fingerspitzen über den Rücken huschen.**
Ein Maulwurf gräbt sich ein Loch.	**Mit beiden Händen über den Rücken wischen.**
Nachts gehen fast alle Tiere schlafen und auf der Wiese kehrt Ruhe ein.	**Handflächen ruhen auf dem Rücken.**

Anschließend werden die Rollen getauscht.

Pizzabacken

Lernziel

Taktile Stimulation, Wohlbefinden steigern

Spielverlauf

Die Kinder bilden Paare. Ein Kind setzt sich rittlings auf einen Stuhl und legt den Kopf auf die über der Stuhllehne gekreuzten Arme. Das Kind kann die Augen schließen. Der Partner stellt sich dahinter. Die Lehrkraft trägt die Geschichte vor.

Heute wollen wir eine Pizza backen. Oh, das Pizzablech ist ja noch ganz schmutzig. Das müssen wir erst reinigen.	**Mit zwei Fäusten den Rücken rubbeln.**
Etwas Wasser darüberlaufen lassen.	**Alle Finger imitieren fließendes Wasser durch Wellenbewegungen von oben nach unten.**
Nun müssen wir das nasse Blech natürlich abtrocknen.	**Beide Hände drücken flach mit etwas Druck mehrmals von oben nach unten.**
Zuerst kneten wir den Pizzateig.	**Mit beiden Händen kräftig den Rücken kneten.**
Jetzt muss der Teig ausgerollt werden.	**Mit den flachen Handflächen über den Rücken streichen.**

Nun kommt etwas Tomatensoße auf den Pizzaboden.	**Mit dem Zeigefinger über den Rücken streichen.**
Was muss noch auf die Pizza? Ach ja, der Belag. Etwas Salami, Pilze, …	**Mit den Fingern kreisende Bewegungen machen.**
So, nun noch etwas Käse verteilen.	**Mit Fingern auf den Rücken klopfen.**
So, was ist nun noch zu tun? Ach ja, die Pizza muss nur noch gebacken werden.	**Hände und Unterarme mit leichtem Druck auf den Rücken auflegen.**

Anschließend werden die Rollen getauscht.

Wilde Tiere

 Lernziel

Taktile Stimulation, Wohlbefinden steigern

 Benötigtes Material

Geschichte

 Spieldauer

5 Minuten

 Spielverlauf

Die Kinder bilden Paare. Ein Partner setzt sich bequem auf den Stuhl und legt den Kopf auf den Tisch, der andere Partner stellt sich dahinter.

Die Bewegungsanweisungen werden in diesem Fall nicht vorgegeben. Stattdessen gibt die Lehrkraft ein Tier vor und die Kinder überlegen, wie sich das Tier über den Rücken des Partners bewegen soll.
Beispiel: „Geht wie ein Känguru über den Rücken eures Partners."

 Bemerkung

Bitte mit den Kindern unbedingt darüber sprechen, dass die Wirbelsäule sehr empfindlich gegenüber großem Druck ist und dass sie Rücksicht auf ihren Partner nehmen müssen.

Britta Buschmann: Lernen in Bewegung – 1. und 2. Klasse
© Persen Verlag, Buxtehude

Richtungslauscher

Lernziel

Entspannung, genaues Hören, Orientierung im Raum

Benötigtes Material

evtl. einfache Musik- instrumente (Trian- gel, Glöckchen)

Spieldauer

5 Minuten

Spielverlauf

Die Kinder stehen neben ihrem Stuhl und halten die Augen geschlossen. Die Lehrkraft bewegt sich lautlos im Klassenzimmer umher und erzeugt Geräusche, indem sie beispielsweise einfache Musikinstrumente benutzt, klatscht oder Tierstimmen imitiert. Die Kinder „verfolgen" die Lehrkraft, indem sie sich in die Richtung drehen, aus der das Geräusch kommt.

Bemerkung

Keine

Entspannungsspiel für Bewegungspausen

Glühbirne

Lernziel

Steigerung der Konzentration, besseres und genaueres Zuhören

Benötigtes Material

Keins

Spieldauer

5 Minuten

Spielverlauf

Die Kinder massieren mit dem Zeigefinger und Daumen ein Ohr. Sie beginnen am oberen Rand und gehen dann nach unten, bis sie das Ohrläppchen erreicht haben. Diese Übung mit jedem Ohr öfter wiederholen.

Bemerkung

Diese Übung eignet sich besonders vor Diktaten oder vor Phasen, bei denen genaues Zuhören verlangt wird.

Britta Buschmann: Lernen in Bewegung – 1. und 2. Klasse
© Persen Verlag, Buxtehude

Verknotungstanz

Lernziel

Stimulation der Gehirnhälften, rechts/links – Unterscheidung

Benötigtes Material

Keins

Spieldauer

5 Minuten

Spielverlauf

Die Kinder berühren mit der linken Hand das rechte Knie und danach mit der rechten Hand das linke Knie. Dabei schwingen die Arme locker mit.

Bemerkung

Keine

Britta Buschmann: Lernen in Bewegung – 1. und 2. Klasse
© Persen Verlag, Buxtehude

Auflockerungs- und Konzentrationsübungen

Luftmatratze

Lernziel

An- und Entspannung der Muskulatur, taktil-kinästhetische Wahrnehmung

Benötigtes Material

Keins

Spieldauer

5 Minuten

Spielverlauf

Die Schüler bilden Paare. Ein Kind legt sich entspannt auf den Boden auf den Rücken. Der Partner nimmt einen Arm des Kindes und bewegt ihn langsam auf und ab. Das liegende Kind atmet langsam und ganz tief Luft ein und aus und versucht, sich dabei immer mehr zu strecken und größer zu werden. Nach ein paar Pumpversuchen lässt der Partner den Arm los und drückt vorsichtig auf den Bauchnabel des liegenden Kindes, welches daraufhin ganz tief Luft ausatmet. Anschließend wird gewechselt.

Bemerkung

Keine

Britta Buschmann: Lernen in Bewegung – 1. und 2. Klasse
© Persen Verlag, Buxtehude

Riesenpendel

Lernziel

Auge-Hand-Koordination, Entspannung von Nacken-, Hand- und Schultermuskulatur

Benötigtes Material

Keins

Spieldauer

5 Minuten

Spielverlauf

Die Kinder stehen entspannt mit gekreuzten Beinen und beugen den Oberkörper dabei leicht nach vorne. Der rechte Arm schwingt wie ein Pendel von rechts nach links vor dem Körper. Nach einigen Wiederholungen wird der Arm gewechselt.

Bemerkung

Keine

Auflockerungs- und Konzentrationsübungen

Dirigent

 Lernziel

Auge-Hand-Koordination, Raum-bewusstsein

 Benötigtes Material

Keins

 Spieldauer

5 Minuten

 Spielverlauf

Die Kinder stehen entspannt und dirigieren mit beiden Händen gleichzeitig in der Luft. Dabei sollen die Bewegungen beider Arme spiegelbildlich sein.

 Bemerkung

Keine

Britta Buschmann: Lernen in Bewegung – 1. und 2. Klasse
© Persen Verlag, Buxtehude

Handpower

 Lernziel

Entspannung der Handmuskulatur

 Benötigtes Material

Keins

 **Spieldauer**

5 Minuten

 Spielverlauf

Die Kinder stehen entspannt, ballen die Hände zu Fäusten und halten die Spannung ein wenig. Danach spreizen sie die Finger. Bei Bedarf erfolgt nun eine Massage der Hände.

 **Bemerkung**

Die Übung empfiehlt sich nach anstrengenden Schreibphasen.

Power für die Augen

 Lernziel

Raumbewusstsein, Augenentspannung

 Benötigtes Material

Keins

 Spieldauer

5 Minuten

 Spielverlauf

Die Kinder richten den Kopf nach vorne. Sie schauen nun mit den Augen so weit es geht nach rechts, wandern dann mit den Augen in die Mitte, dann nach links und wieder zurück. Im Anschluss können sie nun die Handflächen auf die Augen legen und diese einen Moment schließen.

 Bemerkung

Keine

Britta Buschmann: Lernen in Bewegung – 1. und 2. Klasse
© Persen Verlag, Buxtehude

Muntermacher

Lernziel

Augenentspannung, An- und
Entspannung der Muskulatur

Benötigtes Material

Keins

Spieldauer

5 Minuten

Spielverlauf

Die Kinder legen ihre Handflächen aneinander und reiben die Hände,
bis sie richtig heiß werden.
Dann schließen sie die Augen und legen die Hände locker über die
Augen. Nach kurzer Zeit nehmen sie die Hände von den Augen, legen
sie locker in den Schoß und atmen noch kurz ein und aus.

Bemerkung

Keine

Auflockerungs- und Konzentrationsübungen

Literaturverzeichnis

Brodtmann, D.: Risikofaktor Bewegungsmangel? In: Grundschulzeitschrift. 109/1997, S. 50–53.

Böttgens, M.: Eine Grundschule bewegt sich. Von der Bewegungspause zum bewegungsfreundlichen Schulprogramm. In: Grundschulzeitschrift. 109/1997, S. 22–45.

Feldhaus, C.: Eigentlich muss ja jeder selbst über sich bestimmen... Kinder rhythmisieren ihren Schulvormittag durch Bewegung. In: Grundschulzeitschrift. 10/2001, S. 56–58.

Fölling-Albers, M.: Veränderte Kindheit – Veränderte Grundschule. 7. Auflage. Frankfurt am Main. Arbeitskreis Grundschule e.V. 1997.

Gemeindeunfallversicherung (GUVV) Westfalen-Lippe (Hrsg.): Mehr Bewegung in die Schule. Münster 1998.

Hildebrandt-Stramann, R.: Grundschule in Bewegung – Bewegung in der Grundschule. In: Grundschulzeitschrift. 10/2001, S. 36–39.

Klupsch-Sahlmann, R.: Mehr Bewegung in die Grundschule. Cornelsen Scriptor. Berlin 1999.

Klupsch-Sahlmann, R.: Bewegte Grundschule. In: Grundschulzeitschrift. 109/1997, S. 6–13.

Klupsch-Sahlmann, R., Laging, R.: Schulen in Bewegung. In: Sportpädagogik. 2/2001, S. 4–10.

Kultusminister des Landes Nordrhein-Westfalen (Hrsg.): Richtlinien und Lehrpläne für die Grundschule in Nordrhein-Westfalen. Sport. Düsseldorf 2008.

Landau, G.: Das mobile Klassenzimmer. Projektbericht 1998.

Michaelis, H.: Schritt für Schritt zur Bewegten Schule. In: Sportpädagogik. 2/2001, S. 22–37.

Ministerium für Kultus, Jugend und Sport, Baden-Württemberg: Die Schule bewegt sich. Die Verbindung von Lernen und Bewegung als pädagogisches Prinzip in der Grundschule. 1998.

Britta Buschmann: Lernen in Bewegung – 1. und 2. Klasse
© Persen Verlag, Buxtehude

Müller, C.: Bewegte Grundschule. Aspekte einer Didaktik der Bewegungserziehung als umfassende Aufgabe in der Grundschule. St. Augustin 2003.

Praxis Grundschule: Unsere Schule bewegt sich. Bewegungsspiele in einer bewegten Schule. Westermann Verlag, Heft 1, Januar 2008.

Praxis Grundschule: Vielfalt im Englischunterricht. Westermann Verlag. Heft 5, September 2006

Zimmer, R.: Die Schule in Bewegung bringen. In: Grundschule 10/1996, S. 9.